쓸모 많은 뇌과학

리더십의 뇌과학

와튼스쿨 뇌과학 교수의
가장 과학적인 리더십 레슨

THE
LEADER'S
BRAIN

리더십의 뇌과학

마이클 L. 플랫 지음 · 김현정 옮김

현대
지성

추천의 글

　　리더십은 늘 카리스마, 비전, 결단력 같은 화려한 단어로 장식되지만, 그것이 어떻게 만들어지는지는 잘 모른다. 『리더십의 뇌과학』은 이 오래된 수수께끼에 뇌과학자로서의 해법을 제시한다. 저자 마이클 플랫은 심리학자의 섬세함과 뇌과학자의 엄밀함을 겸비한 드문 학자로, 그의 문장은 데이터의 무게와 인간 경험의 온기를 동시에 품고 있다. 허리케인 마리아 이후 서로를 보듬던 원숭이, 소통 실패로 바다를 오염시킨 기업, 눈빛 하나로 결속된 하키 팀의 순간까지, 이 모든 사례는 리더십이 타고난 본성이 아니라 뇌 깊숙이 각인된 사회적 능력임을 보여준다.

　　리더십에 대한 뇌과학의 메시지는 단순하다. 사회적 뇌 연결망은 관계를 통해 강화되고, 옥시토신은 신뢰를, 도파민은 성취의 학습을 이끈다. 거울 뉴런은 공감의 전류를 흘려보내고, 기본 모드 네트워크는 산책길에서조차 새로운 해법을 떠올리게 한다. 리더십은 이 회로들이 오케스트라처럼 조율될 때 울려 퍼지는 음악이다. 좋은 리더는 상대의 표정과 눈빛에 주의를 기울이고, 팀의 전략 보고서를 읽는 것만큼이나 동료의 농담 한마디에 귀 기울인다. 창의성은 때론 회의실보다 공원의 벤치에서 더 쉽게 찾아오고, 결단은 완벽함보다 실패의 가능성을 받아들이는 순간에 나온다.

리더십은 결국 뇌가 길러낸 습관과 태도의 산물이다. 권력은 신경망을 흐리게 하지만 성찰은 그것을 맑게 돌려놓고, 편견은 공감을 막지만 성실한 시행착오는 뇌의 지도를 다시 그려준다. 리더십은 영웅적 언어가 아니라 신경세포의 미세한 전류로 속삭이는 섬세한 언어다. 저자는 이 단순한 진실을 과학의 언어로, 인간적인 이야기로 풀어낸다. 책을 덮고 나면 우리는 깨닫게 된다. 리더십은 타고난 카리스마보다는, 작은 친절과 공감의 눈빛, 설득력 있는 한마디와 뇌파 동기화가 이끌어내는 일체감을 받아들일 때 비로소 시작된다는 사실을.

정재승 | 카이스트 뇌인지과학과 교수

어떻게 더 뛰어난 의사 결정을 할 것인가? 어떻게 강력한 팀워크를 만들고, 성과를 창출할 것인가? 어떻게 고객을 설득하고, 혁신을 이룰 것인가? 이는 리더가 하는 본질적인 고민이다. 지금까지 우리는 경험과 직관, 관찰과 설문에 의존해 답을 찾아왔다.

『리더십의 뇌과학』은 새로운 해법을 제시한다. 신경과학의 최신 연구 결과를 비즈니스와 연결해, 리더십을 '뇌과학'이라는 렌즈로 재해석한다. 이 책은 리더가 마주하는 질문들에 과학적 근거와 구체적 도구를 제공한다.

팀워크를 강화하는 방법, 조직 안에서 신뢰를 구축하는 소통법, 창의성과 혁신을 이끌어내는 조건, 더 정교한 의사 결정을 만드는 방식, 성과를 향상시키는 요인까지 뇌과학적 근거를 바탕으로 명확하게 설명한다. 단순한 개념 소개를 넘어, 현장에서 바로 활용할 수 있는 실천 지침을 담고 있다.

나아가 뇌과학의 발전이 채용, 팀 관리, 고객 경험 등 비즈니스 전반에 어떤 혁신을 가져올지도 전망한다. 리더십을 직감과 경험의 영역에서 과학적 근거를 기반으로 한 통찰과 실천의 영역으로 끌어올린다. 리더라면 반드시 읽어야 할 책이다.

신수정 | 임팩트리더스아카데미 대표, 前 KT 부사장, 『일의 격』 저자

2017년 허리케인 마리아가 미국 푸에르

토리코를 강타했다. 무려 5등급(최대 풍속이 250km/h 이상으로 주

거지, 건물, 도로 등을 파괴할 수 있고 작은 건축물을 완전히 붕괴하기도 한

다-편집자)에 해당하는 치명적인 허리케인이었다. 당시 언론은

심각한 인명 피해 소식을 집중적으로 보도했다. 3천 명이 넘는

사람이 목숨을 잃었고 살아남은 3백만 명도 힘든 현실을 맞닥

뜨렸다. 삶의 터전이 파괴되었고, 일자리가 사라졌으며, 깨끗

한 식수와 식량이 부족했다. 그뿐만 아니라 미국 역사상 최악

의 정전 사태까지 발생하며 푸에르토리코 주민들의 삶은 힘들

어졌다.

허리케인 마리아가 파괴한 건 인간의 삶만이 아니었다. 나

는 지난 13년 동안 '원숭이 섬'으로도 알려진 카요 산티아고에 서식하는 동물들을 연구해왔다. 붉은털원숭이 약 1,700만 마리가 살고 있던 이 섬도 허리케인의 직격탄을 맞았다. 심각한 홍수가 나고 대부분의 식생이 파괴되는 등 가공할 만한 피해가 잇따랐다. 빗물을 모아 담수를 공급하는 물탱크는 물론이고 섬에서 충분한 먹이를 채집하지 못한 원숭이에게 식량을 공급하기 위해 설치한 원숭이 우리 같은 인프라가 모두 망가졌다.

허리케인이 푸에르토리코를 휩쓸고 간 후, 다양한 기관에서 나온 연구진이 즉각적인 스트레스와 지속적인 스트레스가 뇌와 신체에 어떤 영향을 미치는지 연구하고 있다. 와튼스쿨(와튼 경영대학원)과 펜실베이니아 의과대학으로 이뤄진 협력 팀과 다른 기관에서 온 많은 전문가가 연구에 참여하고 있다. 우리는 스트레스가 미치는 영향뿐만 아니라 그 영향에 대처하는 방법도 배우고 있다. 허리케인에서 살아남았지만 전형적인 스트레스 증상을 보이는 원숭이를 통해 좀 더 효과적으로 우리 자신을 보호할 방법을 찾아낼 수 있다. 원숭이의 행동을 관찰하며 얻은 통찰력은 팀과 직원의 성장을 고민하는 리더에게도 도움이 된다. 현재 미국 기업들은 직장 내 스트레스에서 비롯

카요 산티아고 섬에 서식하는 붉은털원숭이 옆에서 포즈를 취하고 있는 작가

된 성과 하락, 결근, 건강 유지 비용으로 대략 3천억 달러를 쓰고 있다. 원숭이를 연구해서 얻은 통찰력을 잘 활용하면 스트레스로 인한 여러 비용을 줄일 수 있다.

붉은털원숭이가 가르쳐준 가장 중요한 교훈은 재난을 잘 헤쳐나가려면 무엇보다도 사회적 지지가 중요하다는 사실이다. 허리케인 마리아가 지나가고 붉은털원숭이는 서로에게 좀 더 관대해졌을 뿐 아니라 새로운 친구를 만들기 위해 노력했다. 토네이도, 지진, 9·11 테러 같은 재난을 겪은 사람들 역시 비슷한 행동을 했다.[1] 놀랍게도 원숭이들은 허리케인으로 삶의 터전이 초토화된 지 3년이 지난 후에도 계속해서 서로를 돕고 지지했다. 하지만 안타깝게도 사람들은 끔찍한 경험과 관련된 기억을 지우려고 애썼다. 그 결과 '모두는 하나를 위해, 하나는 모두를 위해'라는 연대 의식이 점점 희미해졌다.

코로나19 확산으로 전 세계에서 사회적 거리 두기가 시행되었다. 사회적 거리 두기는 인간의 행동과 경제에 갑작스럽고 전례 없는 영향을 미쳤다. 사회생활에 심각한 지장을 받은 인간은 다른 사람과 함께 있던 일터로 돌아가고픈 강한 열망을 느끼고 있다. 그동안 우리는 연구를 통해 사회적 지지가 극심한 스트레스를 완화하는 데 매우 중요하다는 사실을 확인했다. 이 같은 사실로 미루어 볼 때 사회적 거리 두기는 코로나19라는 '폭풍우'를 헤쳐나가는 인간의 능력에 지대한 영향을 미칠 듯하다. 코로나19라는 '뉴노멀new normal'에 대처하는 과정 속에는 집, 직장, 공동체에서 좀 더 나은 리더로 성장할 수 있는 무궁무진한 기회가 숨어 있다. 이뿐만 아니라, 실제로도 훌륭한 리더로 성장해야 한다. 앞으로 자세히 살펴보겠지만, 신경과학이 새롭고 밝은 길을 비추는 데 도움이 될 것이다.

신경과학은 어떻게 해답을 제시하는가

2년 전 와튼스쿨 신경과학 박사 과정을 이수한 연구원 펑 셍Feng Sheng과 함께 스마트폰 사용자들에 관한 연구를 진행했다. 연구의 목적은 스마트폰 사용자들이 특정 브랜드에 정서적·사회적 유대감을 느끼는지 알아보는 것이었다. 여러 브랜드 중에서도 충성도 높은 고객들이 치열한 논쟁을 벌이곤 하는 스마트폰 업계의 양대 산맥, 애플과 삼성에 초점을 맞췄다. 스마트폰 사용자들은 애플, 삼성, 그 외 많은 스마트폰 브랜드를 사람처럼 여긴다. 브랜드를 사랑하거나 싫어하기도 하고, 창의성, 실용성, 똑똑함 같은 인간 특유의 성질을 부여하기도 한다. 인간의 뇌가 자신과 밀접하게 관련된 사람에게 어떻게 반응하는지는 이미 잘 알려져 있다. 우리는 인간의 뇌가 브랜드와 기업에도 비슷한 반응을 보이는지 궁금했다. 먼저 현대인의 필수 아이템인 스마트폰에 주목하기로 했다.

애플과 삼성 중 하나의 브랜드 제품만 소유하고 있는 사용자 집단을 모집했다. 그다음, 두 브랜드에 관한 긍정적인 메시지, 부정적인 메시지, 중립적인 메시지를 보는 참가자들의 뇌를 기능성 자기공명영상functional Magnetic Resonance Imaging, fMRI으로 스캔했다. fMRI는 뇌의 혈류를 바탕으로 두뇌 활동을 시각화하는 기술이다. 애플 스마트폰 사용자들은 자신이 사용하는 스마트폰 브랜드에 공감하는 반응을 보였다. 애플에 관한 좋은 뉴스가 나오면 보상과 관련된 뇌 영역이 활성화되었고, 나쁜 뉴스가 나오면 부정적인 감정과 고통을 느끼는 영역이 활성화되었다. 하지만 삼성과 관련된 뉴스에는 내용과 관계없이 중립적인 반응을 보였다. 뇌는 주로 다른 사람, 특히 가족과 친구에게 공감할 때 이런 모습을 보인다. 사람들은 대개 자신이 잘 아는 상대의 감정에는 공감하지만, 모르는 사람이 느끼는 기쁨과 고통에는 공감하지 못한다.

반면, 삼성 스마트폰 사용자들의 뇌는 삼성에 대한 긍정적인 뉴스에도, 부정적인 뉴스에도 반응하지 않았다. 하지만 흥미롭게도 애플에 대한 좋은 소식에는 고통 영역이 활성화되었고, 나쁜 소식에는 보상 영역이 활성화되었다. 다시 말해, 상대의 불행을 심각할 정도로 기뻐하는 '역공감reverse empathy' 현상이 관찰되었다.

이는 삼성의 최고 마케팅 담당자가 걱정해야 할 만한 현상이다. 삼성 고객들의 뇌 움직임을 보면 이들은 삼성이라는 브랜드에 사회적 유대감이나 정서적 유대감을 가지고 있지 않다. 이러한 고객 특성 탓에 삼성은 잠재적인 경쟁자에게 더 취약할 수밖에 없다(직장 문화가 탄탄하지 않으면 이직률이 높아지는 것과 같은 이치다). 반대로 애플 고객들은 다양한 제품, 앱, 매장, 마케팅 메시지, 웹사이트를 통해 일관된 경험을 한다. 새로운 기능과 앱을 이용해 결제하고, 실제 매장을 찾아가고, 가전제품을 제어하고, 구매할 식품의 성분을 파악하는 등 시간의 흐름에 따라 애플 사용자의 경험은 더욱 다양해졌다. 심지어 수면 주기를 측정하는 앱 덕분에 잠을 잘 때도 없어서는 안 되는 브랜드가 되었다.

사람들이 브랜드와의 관계를 형성하는 방식에 대한 연구 결과는 노사 간의 유대감과 직원 간의 유대감을 강화하는 방법을 찾는 데도 도움이 된다. 또 신경과학은 다양한 비즈니스 상황에 놓인 사람들이 각각 어떤 반응을 보일지 파악하는 데도 유용하다. 이런 연구를 통해 설문 조사와 개인이 직접 자신의 성과를 기록하는 방식에 의존하던 전통적인 비즈니스 연구 방식으로는 직원과 고객의 생각을 제대로 파악할 수 없다는 사실이 밝혀졌다. 우리는 이 사실에 주목해야 한다. 신경과학은 리더가 이리한 격차를 좁혀 디 나은 결정을 하는 데 필요한 강력한 도구와 통찰력을 제공한다.

뇌에서는 무슨 일이 일어날까?

다시 원숭이 이야기로 돌아가보자. 믿기 힘들 수도 있지만 애초에 내가 신경과학에 관심을 갖게 된 것은 모두 원숭이 때문이었다. 1994년에 원숭이의 먹이 사냥 능력에 관한 연구로 펜실베이니아대학교에서 생물인류학 박사 학위를 받았다. 흥미로운 연구였지만 한 가지 풀리지 않는 의문이 있었다. 나는 그 의문을 풀기 위해 뉴욕대학교에서 5년 동안 신경과학 박사 후 과정을 밟았다. '원숭이들은 무슨 생각을 할까?'라는 질문에 답하기 위해 먼저 원숭이의 행동을 살폈다. 그리고 원숭이의 뇌에서 한 걸음 더 나아가 우리 인간의 뇌에서 무슨 일이 일어나고 있는지 알아내는 것이 내 인생의 과제가 되었다.

15년 동안 교수로 재직하고, 4년 동안 듀크대학교 뇌과학연구소Institute for Brain Sciences 소장을 지낸 후 2015년에 펜실베이니아대학교 펜 통합 지식Penn Integrates Knowledge 교수가 되어 필라델피아로 돌아갔다. 현재는 펜실베이니아대학교 페렐만 의대 신경과학과, 예술과학대학 심리학과, 와튼스쿨 마케팅학과에서 정교수로 재직 중이다. 뇌과학을 통한 더 나은 비즈니스 구축을 목표로 하는 와튼 신경과학 이니셔티브Wharton Neuroscience Initiative의 창립 교수이기도 하다. 내가 맡은 다양한 직책을 보면, 최적의 리더십과 직원 참여를 모색하는 산업이 늘어나는 가운데 여러 분야에서 신경과학의 중요성이 얼마나 대두되고 있는지 알 수 있다.

사실, 신경과학은 단순히 우리 뇌가 어떻게 작동하는지 이해하는 학문이 아니다. 우리는 신경과학, 행동과학, 데이터과학, 심리학, 경제학, 마케팅, 경영학, 진화생물학, 인류학에 기반한 새로운 학문을 구축하고 있다. 와튼 신경과학 이니셔티브 책임자로서, 사람들이 직장과 일상생활에서 신경과학의 잠재력을 최대한 활용할 수 있도록 신경과학을 실험실 밖으로 끄집어내 사람들 품에 안겨주고 싶다. 우리의 목표는 연구를 발판 삼아 직접 활용할 수 있는 결과물을 만들어내는 것이다. 즉, 사람들이 최고의 성과를 달성하고 행복을 증진하는 데 도움이 되는 도구, 조직이 마케팅에서부터 경영과 의사 결정에 이르기까지 거의 모든 것을 개선하는 데 도움이 되는 도구를 만드는 것이다.

10년 전만 해도 우리가 지금 하는 일이 가능하리라고 생각하지 못했다. 실생활 속에서 다양한 활동을 할 때 사람들의 뇌가 어떻게 작용하는지 데이터를 수집하는 고성능 뇌 모니터링 장치가 등장할 것이라고는 상상도 하지 못했다. 하지만 오늘날 우리는 직접 설계한 기기를 활용해 체육관, 운동장, 회의실에서 함께 일하는 팀의 성과를 분석한다. 똑같은 광고를 보는 몇몇 사람의 뇌 활동을 측정해 전국의 판매 현황을 예측한다. 이뿐만 아니라 고객에게 생각이나 느낌을 묻지 않고도 고객의 쇼핑 경험과 만족도를 측정한다. 이러한 발전 덕분에 또 다른 영역에서도 계속해서 돌파구를 찾을 수 있을 것이라는 큰 확신을 얻었다. 회의실에서든 운동장에서든 더 나은 성과를 내는 방법을 이해하고 배운 것을 잘 활용하면 인간, 기업, 사회에 도움이 되는 더 큰 가치를 창출할 수 있다.

신경과학은 똑같은 정보를 전달받은 두 관리자가 다른 결정을 내리는 이유처럼 수많은 비즈니스 과제에 대한 해답을 제시한다. 우리는 새로운 제품 아이디어가 어떤 그룹에서는 열광적인 반응을 얻는 데 비해 막상 시장에 출시된 후에는 왜 실패하는지, 겉으로 비슷해 보이는 팀이 왜 극명하게 다른 결과를 만들어내는지 연구하고 있다. 왜 어떤 기업은 고객들과 사회적·정서적으로 긴밀한 유대감을 형성하는데, 다른 기업은 그렇게 못하는지도 알아보고 있다. 그동안 연구한 결과로 미루어 보면, 신경과학은 브랜드 충성도 차이를 설명하고 고객 확보를 위해 기업이 지출한 모든 광고 비용의 평생 가치를 예측하는 데 분명 도움이 될 것이다.

이 책을 읽는 데 도움이 되는 방법

리더의 뇌는 활력이 넘치지만 많은 부담을 느낀다. 목적의식이 뚜렷하면서도 유연하고, 언뜻 보기에 해결할 수 없을 것처럼 보이는 문제를 해결할 수 있는 통찰력이 있다. 또 올바른 결정을 내리고 다른 사람과 협력하고 팀의 화합을 촉진할 방법을 찾는다. 끊임없이 피드백을 제공하고 사람들이 새로운 것을 배워 더 나은 행동을 할 수 있도록 돕는다.

리더의 뇌는 사고방식이다. 신경과학에서 얻은 통찰력을 활용해 관리자나 리더로서의 역량을 키우기 위한 리더십 접근 방법이다. 이 책을 읽는 독자 여러분이 관리 업무를 할 때나 리더로서 넓은 비전을 제시할 때 이런 통찰력을 활용할 수 있기를 바란다. 나아가 지역사회의 리더로 발돋움하고 더 행복하고 건강한 가정을 꾸리는 데도 도움이 되길 바란다.

그동안 우리 팀이 진행한 선구적인 연구 덕분에 뇌의 주된 영역이 작동하는 방식을 알아냈다. 연구 결과를 비즈니스에 적용할 방법도 찾아냈다. 1장에서는 사회적 뇌 연결망social brain network(타인과의 상호작용을 관리하는 서로 이어진 뇌 영역)이 무엇이며, 이를 강화할 방법에는 무엇이 있는지 살펴볼 것이다. 옥스퍼드대학교 공동 연구진이 알아낸 바에 따르면, 다른 사람과 관계를 맺는 능력은 근육과 비슷해 사용할수록 발달한다.[2]

우리는 이 사실에 주목해야 한다. 관계가 중요한 비즈니스에서는 특히 의미 있다. 다른 사람들과 어울리는 것을 반드시 즐길 필요는 없지만 어느 정도의 노력을 통해 사회적 유대감을 개선할 수 있다. 실제로 낯선 사람과 대화를 하면 사회적 뇌 연결망이 물리적으로 바뀐다. 좀 더 건강하고 행복한 삶도 누릴 수 있다.

사회적 뇌 연결망에 관한 연구 결과는 효과적인 팀 구축, 의사소통 같은 중요한 리더십 기술 개발에 도움이 되는 통찰력도 제공한다. 이에 관한 내용은 2장과 3장에서 설명할 예정이다. 2장과 3장을 모두 읽고 나면 팀원들이 조화롭게 일할 때 당신의 뇌에서 어떤 일이 벌어지는지, 다른 사람이 당신에게 귀기울이도록 하려면 어떻게 메세지를 전달해야 하는지 알 수 있다.

4장에서는 새로운 인재를 채용하기보다 기존 팀에 활력을 불어넣어 창의성과 혁신성에 불을 지피는 방법을 알아볼 것이다. 5장에서는 회사의 미래에 중요한 영향을 미치는 결정을 보다 효과적으로 내리는 방법을 살펴보고, 6장에서는 학습을 통해 좀 더 나은 성과를 낼 수 있는 방법을 찾아볼 것이다. 마지막으로 7장에서는 어떤 잠재력이 충분히 활용되지 않고 있는지, 앞으로 뇌과학의 발달이 리더에게 어떻게 도움이 될지 생각해볼 것이다.

이 책의 목적은 리더의 뇌를 단련해 리더십을 키우는 데 도움을 주는 것이다. 신경과학 분야에서 밝혀진 최신 연구 결과를 살펴보고, 이런 연구를 비즈니스에 어떻게 적용할 수 있는지 분석해 리더십 역량, 팀 성과, 팀원의 업무 만족도, 업무 성과를 크게 개선할 수 있기를 바란다. 생각보다 재미있는 과정이 될 것이다.

마이클 L. 플랫

차례

제 1 장

리더십은 인간관계다

Leadership Is About Relationships

사회적 뇌에 기반한 관계 맺기

사회적 관계

다들 테스트를 치를 준비가 되었는가? 지금부터 간단하게 E 테스트를 해볼 생각이다. 먼저 글을 쓸 때 주로 사용하는 손가락을 빠르게 다섯 번 튕겨보자. 그런 다음, 집게손가락으로 이마에 대문자 E를 적어보자. 상대가 제대로 읽을 수 있는 방향으로 썼는가? 그러니까, 당신이 볼 때 E의 좌우가 반대로 뒤집힌 모양으로 썼는가? 그랬다면 당신은 다른 사람의 관점을 잘 고려하는 사람일 가능성이 크다. 만약 당신이 있는 쪽에서 봤을 때 E가 원래대로 보이게 썼다면, 아마도 당신은 자기 중심적이고 다른 사람의 관점에는 관심이 적을 것이다.

E 테스트는 미국 펜실베이니아대학교 와튼스쿨 교수 모리스 슈바이처Maurice Schweitzer와 애덤 갤린스키Adam Galinsky가 고안한 것이다. 두 사람은 리더의 자질이 있는 사람을 찾아내기 위해 이 테스트를 만들었다. 두 사람이 공동 집필한『관계를 깨뜨리지 않고 원하는 것을 얻는 기술』(토네이도, 2016)[3]에도 이 테스트가 나오는데, 여기서 중요한 내용을 하나 더 알 수 있다.

저자는 "권력을 손에 쥐면 다른 사람들의 곤경을 보지 못하게 된다"라고 주장한다. 이어 "이렇듯 타인의 어려움을 보지 못하게 되면 심각한 결과가 뒤따른다. 타인의 곤경을 외면하는 권력자는 자신이 쌓아 올린 왕국을 잃을 수도 있다"[4]라고 덧붙였다. 다른 사람들의 관점을 생각하지 않고 살아가면 '사회적 뇌'가 망가진다. 지나치게 자기 중심적인 사람이 생각하지 못하는 아이디어와 의견, 통찰력을 직급이 낮은 누군가가 갖고 있을 수도 있다.

성공적인 비즈니스를 위해서는 무엇보다도 인간관계가 중요하다. 다행히도 인간은 원숭이나 까마귀, 마멋(다람쥣과의 포유류 — 옮긴이) 같은 동물들처럼 생물학적으로 다른 사람과 소통하는 데 특화되어 있다. 사실 사회 통합과 생존 간에는 직접적인 관계가 있다. 인간관계가 탄탄하면 안전하다는 느낌을 받고, 스트레스에서 벗어날 수 있을 뿐 아니라 그 외의 방식으로도 생물학적 이점을 얻을 수 있다.

브리검영대학교와 노스캐롤라이나대학교 채플힐캠퍼스 연구진은 '사회적 관계와 사망 위험Social Relationships and Mortality Risk' 이라는 메타 연구를 진행했다. 연구 결과, "연령, 성별, 초기 건강 상태, 심지어 사망 원인이 무엇이든 좀 더 강력한 사회적 관계를 유지하는 참가자의 생존 가능성이 50% 증가한다"라는 사실이 밝혀졌다.[5] 건강한 사회적 관계는 고혈압, 뇌졸중, 심근경색의 위험도 낮춰준다.

사회적 관계가 탄탄하면 더 건강해질 뿐만 아니라 행복감도 높아진다. 어느 연구에서 다른 사람들과 관계를 맺으면 불안감과 우울감이 줄어든다는 사실이 밝혀졌다.[6] 뒤에서 자세히 설명하겠지만, 사회적 뇌 연결망을 자세히 분석한 결과 긍정적인 인간관계가 감정 조절을 하는 데 효과가 있다는 사실이 드러났다. 직장에서 다른 사람과 사회적 관계를 맺을 때도 생산성과 참여도가 높아지고, 협업 능력과 승진 가능성이 올라가며, 새로운 업무를 성공적으로 해낼 가능성도 더욱 커진다. 요컨대, 사회적 관계가 풍요로워지면 만족도가 높아지고 더 많은 돈을 벌 수 있다.

물론 그 반대의 경우도 마찬가지다. 사회적 관계가 부족해 외로운 상태가 되면 참여도가 낮아지고 결근과 이직률이 높아진다. 외로움은 우리 몸에도 상당한 스트레스를 가져온다. 외로움으로 인한 스트레스는 담배를 하루에 한 갑씩 피울 때 신체가 느끼는 스트레스와 맞먹을 정도로 부정적인 영향을 미친다.[7]

리더십

리더십은 사실 운이 좋은 소수의 사람만이 갖고 태어나는 능력이다. 리더는 인간관계를 맺는 기술을 타고난 사람이자 뛰어난 협상가, 민첩한 전략가, 새로운 관점과 아이디어와 의견을 추구하는 탐구자다. 하지만 리더십을 타고나지 못한 많은 사람이 실망할 필요는 없다. 구글이 산소 프로젝트Project Oxygen를 통해 발견했듯이 이런 능력 또한 얼마든지 갈고닦을 수 있다.

2008년 구글은 훌륭한 관리자의 요건을 알아보기 위해 산소 프로젝트를 진행했다. 프로젝트 결과를 바탕으로 구글은 경영진 선발 및 양성 과정 전체를 재고했다. 구글은 직원들을 분석해 기술적인 능력 덕분에 막힘없이 승진하는 사람이 반드시 관리자로서 뛰어난 것은 아니라는 사실을 깨달았다. 이보다는 사회성이 뛰어난 사람이 관리자 자리에 더 적합하다는 것을 발견했다.

구글은 뛰어난 코칭 실력, 경력 개발 지원 등 훌륭한 관리자들이 가진 총 여덟 개의 공통점을 파악한 뒤 관리자들이 이런 능력을 키울 수 있도록 훈련했다. 구글은 2018년에 "이직률, 만족도, 장기적인 성과 같은 팀 결과물과 구글의 경영이 전반적으로 개선되었다"라는 내용의 글을 자사 블로그에 올리기도 했다.[8]

구글이 관리자들의 사회성을 높이기 위해 노력하던 시기에 신경과학자들은 놀라운 사실을 하나 발견했다. 모든 인간에게는 여러 뇌 영역의 집합체인 '사회적 뇌 연결망'이 있으며, 이 연결망이 공동으로 작용해 타인과의 상호작용을 가능케 한다는 것이다.[9]

사회적 뇌 연결망의 존재가 밝혀지면서, 관리자나 팀원으로서의 적합성을 평가할 때 더 이상 사회성에 대한 질문만으로 판단할 필요가 없게 되었다. 이제는 누가 사회성이 높은지, 사회성 향상 훈련이 누구에게 효과적인지, 어떤 개입이나 훈련 방식이 가장 큰 효과를 낼 수 있는지를 보다 객관적이고 편향 없는 방식으로 파악할 수 있게 되었다.

신경과학의 획기적인 발달로 타인과 관계를 맺고 소통하는 능력을 뒷받침해주는 사회적 뇌 연결망의 존재가 드러났다. 나아가 연결망의 메커니즘을 강화할 방법도 밝혀졌다. 시각계 visual system에 관한 연구, 시각계와 뇌의 관계에 관한 연구를 통해 우리가 주변의 감각 환경을 얼마나 놓치고 있는지, 좁은 시야가 어떻게 억측과 편견으로 이어지는지 알게 되었다. 억측과 편견을 방치하면 새로운 아이디어를 떠올리고 발전시키는 능력뿐만 아니라 팀을 이끌고, 관리하고, 협상하고, 동료 및 고객과의 관계를 발전시키는 능력도 부정적인 영향을 받는다. 이제부터는 사회적 뇌를 발전시키는 방법을 살펴보자.

사회적 뇌와 슈퍼 브레인

사회적 뇌 연결망을 구성하는 여러 영역의 크기와 이 영역들을 잇는 연결 고리의 끈끈함은 사회적 관계를 발전시키는 능력과 직접적인 상관관계가 있다. 신경과학자들은 이런 변수를 측정해 한 사람이 얼마나 많은 관계를 맺고 있는지 놀라울 정도로 정확하게 예측할 수 있다.

신경과학 연구에 따르면, 사회적 뇌 연결망은 타고난다. 자폐증 환자나 조현병 환자처럼 타인과의 소통에 어려움을 겪는 사람들은 사회적 뇌 연결망이 조금 다르게 생겼다. 하지만 원숭이를 대상으로 한 최근 연구를 통해 타고난 성향도 얼마든지 바꿀 수 있다는 사실이 밝혀졌다.

옥스퍼드대학교 연구진은 원숭이들이 다른 원숭이들과 어울려야 하는 상황에 놓이면 사회적 뇌 연결망의 크기가 커지고 그 안에서 형성되는 고리가 늘어난다고 말했다. 사회적 뇌 연결망이 크고 촘촘할수록 타인과의 상호작용을 잘 관리할 수 있는 것이다. 사회적 뇌 연결망을 확대하고 뉴런 간의 연결을 좀 더 촘촘하게 만들려면 어떻게 해야 할까?

다트머스대학교에서 심리학과 뇌과학을 가르치는 탈리아 휘틀리Thalia Wheatley 교수는 사회적 환경에서 인간이 어떻게 행동하는지를 좀 더 정확하게 이해하기 위해 인간의 뇌를 연구했다.[11] 휘틀리 교수는 각 방에 있는 MRI 기계에 사람을 눕히고 서로 대화를 하게 했다. 그런 다음 하이퍼스캐닝hyperscanning

기법을 활용해 대화 중인 사람들의 뇌를 동시에 촬영했다. 그 결과 서로 소통하고 관계를 맺는 동안 우리의 뇌가 끊임없이 상대에게 적응한다는 사실이 밝혀졌다. 휘틀리 교수는 사람들이 머리를 맞대면 단순히 각자의 능력을 더했을 때보다 좀 더 큰 무언가가 생겨난다고 설명했다. 그리고 이런 현상에 '슈퍼브레인superbrain', '우버마인드ubermind'라는 이름을 붙였다.[12]

두 개 이상의 뇌가 모여 힘을 합치면 개개인과 집단 모두에게 도움이 될 때도 있지만 그 반대인 경우도 있다. 최근 한 연구에서 공동체에서 분리되어 고립된 쥐가 뇌 손상의 징후를 보였다.[13] 공동체에서 떨어져 나온 지 한 달이 지나자 뉴런이 약 20% 줄어들었다. 신경 성장 촉매제인 BDNF 단백질 수치도 감소했고, 뉴런 안에서 손상된 DNA가 더 많이 발견되었다. 이 결과에 대해 휘틀리는 "단순히 인간이 상호작용을 좋아하는 것을 넘어, 육체적으로나 정신적으로 건강하게 살아가기 위해서는 상호작용이 매우 중요하다"라고 설명한다.[14]

'사랑 호르몬'이라고 불리는 옥시토신은 사회적 뇌 기능을 강화하기도 한다. 척추가 있는 최초의 동물로 거슬러 올라가 보자. 포유류에서 옥시토신의 주된 역할은 어미와 새끼의 유대감을 강화하는 것이다(출산과 육아 과정에서 옥시토신이 분비된다).

옥시토신은 타인과의 유대감을 강화하고 자폐증 같은 장애가 있는 사람들의 사회성 결핍 문제를 해결하는 데도 큰 도움이 될 것으로 기대된다.

다른 사람의 부드러운 손길이 닿을 때도 옥시토신이 분비된다. 실제 생화학적 차원에서 포옹은 다른 사람과의 관계를 더 깊어지게 만든다. 운동선수들이 작전 타임 때 서로 포옹을 하는 것도 이런 이유가 있어서다. 실제 눈을 맞추기만 해도 옥시토신이 분비되고, 심지어는 인간과 개가 눈을 맞출 때도 옥시토신이 분비된다.[15] 책을 잠시 덮고 반려견의 눈을 들여다보자. 다른 사람들과 교류하기 전에 좋은 에너지를 얻을 수 있을 것이다.

이와 같은 연구 결과가 주는 메시지는 분명하다. 길고 힘든 한 주가 끝난 뒤, 넷플릭스로 좋아하는 프로그램을 몰아 보며 주말을 보낼 수 있다. 아니면 밖으로 나가 사람들과 어울릴 수도 있다. 예를 들어, 농산물 직거래 장터나 마을 행사를 찾아가는 것이다. 그곳에서 사람들과 대화를 나누며 사회적 뇌를 단련할 수 있다. 주말마다 사람들과 어울리다 보면 사회적 뇌 연결망의 구조와 기능이 향상되어 직장에서든 가정에서든 더 효과적인 소통이 가능해진다.

코로나19 같은 전염병 확산을 막기 위해 사회적 거리 두기를 실천할 때는 이런 활동을 하기 어려웠을 것이다. 물론 기술의 발전 덕분에 줌Zoom이나 블루진스BlueJeans 같은 앱을 이용하면 멀리 떨어진 곳에 사는 사람과도 상호작용을 할 수 있었다. 하지만 화상회의로 하는 상호작용에는 명백한 한계가 있다. 오프라인에서 상호작용을 할 때와 달리 얼굴에서 드러나는 미세한 근육 수축, 그러니까 표정을 제대로 볼 수 없다. 낮은 해상도와 조명 변화 때문에 참여도와 관심도를 드러내는 동공 크기의 변화도 잘 보이지 않는다. 이뿐만 아니라, 일반적으로 얼굴을 마주하고 상호작용을 할 때는 서로의 눈을 바라보는 것이 매우 중요하게 여겨지는데, 화상회의를 할 때는 카메라의 위치와 화면 속에 등장하는 사람의 눈의 위치가 달라 눈을 맞출 수 없다. 여러 사람이 작은 컴퓨터 화면에 오순도순 모여 있으면 상대를 이해하기 더 어려워진다. 원격 팀워크와 화상회의가 피곤하게 느껴지는 이유가 이런 데 있다. 리더와 팀원뿐 아니라 교사와 학생들에게도 화상회의는 무척 피곤하고 힘든 일이다.

이런 문제를 해결하려면 화상회의 대신 전화 회의를 하면 된다. 물론 전화 회의를 하다 보면 의사소통에 도움이 되는 비언어적 단서를 놓치게 된다. 하지만 적어도 시각적으로 왜곡된 사회적 정보를 읽고 해석하는 데 드는 정신적인 부담과 혼란은 줄일 수 있다.

사회적 뇌를 발달시키는 방법

유대감을 형성하고 사회적 뇌를 발달시키려면 사회적 상호작용을 할 때 무슨 일이 일어나는지 알아야 한다. 상호작용을 통해 유대감을 높이려면 다른 사람에게 관심을 기울여야 한다. 지금부터 두 가지 방법을 알아보자.

보고 배워라

감각 정보를 받아들이고 이해해야 한다. 이를 위해 반드시 해야 할 일 중 하나가 바로 표정을 관찰하는 것이다. 과학자들은 표정은 모든 인간의 보편적인 특성이며 다른 포유류도 표정이 있다고 설명한다. 예를 들어, 원숭이나 쥐가 쓴맛을 느끼면 사람과 비슷한 표정을 짓는다. 사실 우리는 오직 다른 사람과 소통하기 위해서만 표정을 짓는다. 사회적 뇌가 인간을 이해하려면 정보가 필요하다. 이때 주위에 있는 사람이 아닌 휴대전화 화면 속 사람만 처다보면 뇌에 필요한 정보를 사회적 뇌 연결망에 공급할 수 없다. 줌으로 화상회의를 하거나 휴대전화로 문자를 보낼 때도 마찬가지다.

사회적 뇌 연결망은 들어오는 시각 정보(그리고 다른 사람한테 들은 말 같은 다른 감각 정보)에서 의미를 추출한다. 가령, 어떤 사람을 처다본다고 생각해보자. 그 순간 우리는 상대의 표정을 해석하고, 상대가 어디를 보고 있는지 파악하고, 상대의 심성 모델mental model을 만든다.

눈을 통해 마음 읽기

다른 사람의 눈을 통해 감정을 얼마나 잘 읽을 수 있는가? 케임브리지대학교 사이먼 배런 코헨Simon Baron-Cohen 교수는 공감 능력과 감성 지능emotional intelligence 수준을 평가하기 위해 '눈을 통해 마음 읽기Reading the Mind in the Eyes' 평가 도구를 개발했다. 배런 코헨은 고기능 자폐나 아스퍼거 증후군을 앓는 성인을 대상으로 테스트를 진행해 사회적 감수성 변화를 측정했다. fMRI를 이용한 연구를 통해 운동을 하면 사회적 뇌 연결망이 활성화된다는 사실이 밝혀졌다. http://socialintelligence.labinthewild.org/mite에서 직접 테스트할 수 있다.

이 모델은 다음과 같은 질문을 던진다. '그는 무엇을 하고 있는가?', '다음으로 무엇을 할 가능성이 있는가?', '무엇을 원하는가?', '무엇을 알고 있는가?', '그는 나에게 협조할 것인가, 아니면 나를 속이려고 할 것인가?'.

역지사지

다른 사람의 표정을 관찰했다면 다음으로는 그 사람의 관점에서 상황을 이해해보자. 우리는 사회적 렌즈를 통해 사물을 바라보기 때문에 대상을 제대로 이해하려는 과정에서 관련된 이야기를 만들어낸다. 말이 되는 이야기를 지어내려면 다른 사람의 입장에서 세상을 바라보는 역지사지의 기술을 익혀야 한다. 물론 역지사지에도 함정이 있다. 그중 몇 가지를 살펴보자.

역지사지의 어려움

사람들은 대개 역지사지 능력을 타고나기 때문에 별다른 노력을 하지 않아도 다른 사람의 관점에서 생각할 수 있다. 인간은 태어난 후 몇 년에 걸쳐 인지 능력이 발달한다. 따라서 어린아이들은 다른 사람이 무엇을 중요하게 여기는지, 어디에 관심을 가지는지, 무엇을 믿고 원하는지 조금씩 더 깊이 이해하게 된다. 다른 사람의 관점에서 세상을 바라보는 능력은 사회적 상호작용의 핵심 요소다. 역지사지 능력이 부족하면 치명적인 결과로 이어질 수도 있고, 다른 사람의 입장에서 생각하는 능력이 제대로 발현되지 않는 것은 자폐증이나 조현병 같은 심각한 질병의 징후인 경우가 많다. 무의식적으로 편견에 사로잡히거나 자신에게 권력이 있다고 믿을 때 주로 약해진다.

우리의 뇌도 속아 넘어갈 수 있다

인간의 뇌에는 타인의 의도나 경험을 이해하는 데 도움을 주는 영역이 있다. 놀랍게도 이 영역의 일부는 무생물을 관찰하거나 무생물과 상호작용할 때도 종종 활성화된다. 단, 무생물이 사회적인 방식으로 움직일 때만 활성화된다. 할리우드 감독은 관객이 무생물의 관점에서 세상을 바라보도록 만드는 영화 촬영 기법을 활용하기도 한다. 이런 기법으로 촬영된 영화를 본 관객은 무생물의 경험에 공감하게 된다. 감독은 이런 방식으로 우리의 사회적 뇌를 이용한다.

너무 과장된 이야기처럼 들리는가? 그렇다면 유튜브에 들어가 스파이크 존즈Spike Jonze가 감독한 이케아IKEA 광고를 한 번 보자.[17] 어떤가, 사회적 뇌가 활성화되었는가? 그렇다면 수많은 연구에 등장한 애니메이션 영화《하이더 지멜 환각The Heider-Simmel Illusion》을 찾아보자. 스미스대학교의 심리학자 프리츠 하이더Fritz Heider와 메리앤 지멜Marianne Simmel이 1944년에 제작한 이 영상을 학생들에게 보여주고 무엇이 보이는지 설명하라고 한 적이 있다. 참가자 대부분은 화면에서 움직이는 단순한 도형을 보고 사람이라 답했고, 여러 도형이 어떻게, 왜 상호작용하는지에 관한 이야기를 만들어냈다. 최근 이 영화를 보는 사람의 fMRI 데이터를 분석하는 연구가 이루어졌다. 영화를 보는 사람들의 사회적 뇌와 겹치는 거울 뉴런mirror neuron 시스템이 활성화되었다. 원숭이 연구를 통해 처음 발견된 거울 뉴런은 다른 사람의 목표를 이해하는 데 중요한 역할을 한다. 특이하게도 거울 뉴런은 무언가를 잡으려고 손을 뻗을 때도 활성화되지만, 다른 사람이 동일한 물건을 잡으려고 손을 뻗을 때도 똑같이 활성화된다. 하지만 로봇이나 무생물의 움직임에는 전혀 반응하지 않는다. 거울 뉴런 시스템이 활성화된다는 것은 곧 인간에게 주변 사람의 목표와 의도를 유추하는 경향이 있다는 뜻이다. 다만 일부 사람들은 자동차나 컴퓨터 같은 대상에도 비슷한 반응을 보인다.[18]

권력에 관한 조심스러운 이야기

인간과 원숭이를 대상으로 실시한 연구를 통해 권력이 클수록(실제로든 그렇게 생각하는 것에 불과하든) 다른 사람, 그중에서도 특히 지위가 낮은 사람에게 관심을 덜 기울인다는 사실이 드러났다. 다른 사람보다 실제로 지위가 높거나 그렇다고 생각하면 사회적 뇌의 활동이 감소해 주의력이 낮아지고 다른 사람의 입장에서 생각하는 능력도 떨어진다. 이런 상태가 되면 상대의 목표와 의도를 이해하기 힘들어지면서 협업에 어려움이 생긴다. 성공적인 사회적 상호작용에 필요한 신호와 다른 정보를 놓칠 수도 있다. 이런 함정을 피하기 위해서는 사회적 지위와 상관없이 모든 사람을 평등하게 대하고 존중해야 한다. 기업의 경우에는 조직 구조를 평등하게 만들수록 이런 분위기를 조성하기 수월하다.[19]

미국의 식품 기업 징거맨스Zingerman's의 CEO 겸 공동 설립자인 아리 와인즈와이그Ari Weinzweig는 역지사지를 장려하기 위해 일반적인 기업 계층 구조에 따른 의사 결정 대신 집단적인 의사 결정 방식을 활용한다.

와인즈와이그는 경영진 회의 내용과 회사 장부를 전 직원에게 공개한다.[20] 한 연구에 따르면, 와인즈와이그가 전통적이고 엄격한 리더십 모델을 따르는 다른 리더들 보다 더 큰 영향력을 발휘할 수 있었던 이유는 타인의 관점과 아이디어에 개방적인 태도를 취했기 때문이다.[21] 그는 다른 사람의 의견에 개방적인 태도를 취함으로써 리더가 얻기 힘든 정보에 비교적 쉽게 접근할 수 있었다. 일반적인 기업 계층 구조에서는 직급이 낮은 사람이 아이디어를 낼 동기를 느끼지 못한다. 실제 아이디어를 공유하고자 하는 욕구가 좌절되는 경우도 많다.

휘틀리는 다양성이 높은 나라, 주, 도시 출신 리더들이 더 큰 영향력을 발휘한다는 흥미로운 사실을 발견했다. 다양성이 존중받는 곳에서 살면 역지사지의 태도를 취하기가 조금 더 쉬워지기 때문이다.[22] 2015년 제너럴 일렉트릭General Electric이 프랑스 기업 알스톰Alstom의 에너지 사업부를 106억 달러에 인수했다. 당시 GE의 전 CEO 제프리 이멜트Jeffrey Immelt는 다른 사람의 관점 같은 것을 전혀 고려하지 않았다.[23] 당시 이멜트는 알스톰 에너지 사업부 인수를 'GE 혁신의 중요한 단계'라고 부르며 '우리의 핵심 산업 성장을 촉진할 것'이라고 단언했다. 이멜트는 여러 가지 경고와 불안 신호를 외면한 채 인수를 강행했다.

이멜트가 CEO로 선임되기 전, GE 이사회는 이멜트가 특유의 낙관주의 덕분에 능력을 인정받기는 했지만 지나친 낙관주의가 그의 약점이 될 수도 있다고 경고했다.[24] 이는 근거 없는 우려가 아니었다. 2010년부터 2011년까지, 이멜트가 재임하던 2년 사이에 GE는 석유와 가스 관련 기업들을 인수하는 데 무려 110억 달러를 지출했다. 하지만 2014년이 되자 원유 가격이 하락했다.

이멜트가 인수를 검토하던 때, 알스톰은 연례 보고서에 전력 사업 중 선진 시장의 과잉 설비를 지적했다.[25] GE 내에 있던 일부 이사와 고문도 경계심을 내비쳤다. 한편, 유럽과 미국의 규제 기관은 알스톰에게 수익성이 가장 높은 프로그램과 사업부를 경쟁 기업에 넘기라 압박을 가했고, 그 결과 인수 매력도가 급감했다. 하지만 이멜트는 주장을 굽히지 않았다. 이멜트의 고집 때문에 GE는 결국 회사 역사상 가장 비싼 인수를 단행했다. 이후 이멜트는 GE를 떠났지만 알스톰 인수는 모든 면에서 재앙이었다. GE 전력 사업부는 가장 골치 아픈 사업부가 되었고, 설상가상으로 최근 프랑스 정부는 GE가 프랑스에서 일자리 창출 약속을 지키지 않았다며 벌금 5,700만 달러를 부과했다.[26]

편견에 사로잡힌 뇌

타인의 의견에 관심을 갖거나 역지사지로 생각하는 것을 방해하는 건 권력만이 아니다. 강력한 '집단 동일시 효과group identification effect' 때문에 외부 집단에 암묵적인 편견을 갖게 되는 경우가 많다는 사실이 여러 연구를 통해 밝혀졌다. 사람들은 상대의 인종, 종교, 정당, 집단이 어떻든 자신과 같은 집단에 속한 사람들에게 하듯 똑같이 공감한다고 이야기한다. 하지만 뇌 촬영 결과를 보면 그렇지 않다. 다른 집단 구성원들과 상호작용을 할 때는 누군가에게 공감할 때 활성화되는 사회적 뇌 부위가 활발하게 움직이지 않는다. 이런 편향이 꼭 의식에서 생기는 건 아니지만, 성장 과정에서 자주 상호작용한 사람들의 특성에 따라 뇌 활동이 '조정'되었을 가능성이 크다. 사람이라면 누구나 성장하면서 자신이 속한 집단에서 많은 것을 배운다. 은연중에 배우는 정보들은 인간의 정체성에 큰 영향을 미친다.

신경과학자들은 이런 편견도 줄일 수 있다고 주장했다. 그들의 연구 결과에 따르면, 정체성에 영향을 미치는 요인과 누군가를 자신과 같은 무리의 일원으로 인식하게 만드는 요인은 언제든지 바뀔 수 있다. 많은 사람이 하나의 팀을 응원하는 스포츠 경기를 생각해보자. 팬덤을 구성하는 사람들은 인종적, 사회·경제적, 정치적 측면에서 매우 다양하다. 하지만 같은 유니폼을 입는 순간 모두가 같은 팀을 응원하는 끈끈한 집단이 된다. 우리 팀의 성과 같은 공통된 목표와 가치에 초점을 맞추는 순간 다름에서 비롯된 편견이 약해지고 서로 편안하게 어울린다(3장에서 팀워크를 발전시키는 방법을 좀 더 자세히 설명할 예정이다).

과학자들은 이런 연구 결과를 이용해 편견을 줄이기 위한 도구를 만들었다. 한 연구에 참여한 사람들에게 다른 인종이 등장하는 화면을 보여준 적이 있었다. 등장인물의 얼굴을 면봉으로 건드리는 장면이 나올 때 그 화면을 보는 실험 참가자의 얼굴도 면봉으로 건드렸다.[27] 이 경험 이후, 실험 참가자들은 자신과 다른 인종에 대해 가지고 있던 암묵적인 편견에서 조금 벗어났다. 참가자의 뇌가 직접 본 것과 느낀 것을 통합해 정체성에 반영한 결과였다. 또 다른 연구에서는 김은쥐와 함께 자란 흰쥐가 곤경에 처한 검은쥐를 기꺼이 돕는 모습을 발견했다. 반면, 검은쥐와 교류 없이 자란 흰쥐는 검은쥐를 돕지 않았다. 검은쥐, 흰쥐와 함께 어울리며 자란 흰쥐는 흰쥐, 검은쥐 모두를 도왔다.[28] 성장 과정에서 자신이 어떤 무리에 속하는지 배우는 것은 공감 대상을 결정하는 기본적인 과정에 영향을 미친다. 하지만 이런 생각도 얼마든지 바뀔 수 있다. 편견을 줄이는 새로운 방법에 대한 연구는 여전히 진행 중이다.

어떤 식사를 하고 있는가?

식생활이 신체 건강에 영향을 미친다는 사실을 모르는 사람은 없다. 우리의 행동을 좌우하는 생화학적 과정 역시 우리가 먹는 음식의 영향을 받는다. 도파민은 보상을 제공할 뿐 아니라 학습 및 의사 결정에 중요한 역할을 하는 호르몬이다. 최근 연구를 통해 아침 식사를 할 때 단백질을 충분히 섭취하지 않으면 도파민의 전구체로 사용되는 아미노산의 일종인 물질이 충분히 생성되지 않는다고 밝혀졌다.[29] 또 다른 연구를 통해 탄수화물이 풍부한 아침 식사를 한 사람은 정당하지 않은 금전적인 제안을 거절할(따라서 아무것도 받지 못할) 가능성이 크다는 사실이 드러났다. 탄수화물 함량이 낮고 단백질 함량이 높은 아침 식사를 한 사람은 돈을 받는 경우가 많았다.

한 연구에서는 참가자들을 세 부류로 나누어 각 집단의 도파민 지표를 확인했다. 첫 번째 집단과 두 번째 집단에는 각각 고단백 아침 식사와 저단백 아침 식사를 제공했고, 세 번째 집단에는 아침 식사를 제공하지 않았다. 단백질 함량이 높은 아침 식사를 한 참가자의 도파민 전구체는 15배 늘어났다.[30] 이어지는 다른 연구에서는 참가자에게 뇌의 도파민 분비를 일시적으로 증가시키는 약을 투여했다. 그 결과 참가자들은 타인에게 조금 더 공정한 결정을 내렸다.[31] 이는 곧 뇌의 도파민 수치가 올라가면 고단백 아침 식사를 먹었을 때와 동일한 방식으로 사회적 결정을 내린다는 뜻이다. 수천 명의 참가자를 대상으로 광범위하게 진행된 연구 결과에 따르면, 나이가 몇 살이든 아미노산의 일종인 타이로신을 얼마나 많이 섭취하는지가 인지 능력에 영향을 미친다.[32]

물론 음식이 신체 건강에 미치는 영향에 대한 과학적 조언은 늘 바뀌기 때문에 이런 연구 결과는 신중하게 받아들여야 한다(달걀이 건강에 나쁘다는 연구 결과를 기억하는가?). 하지만 이런 연구 결과를 통해 우리 뇌가 많은 에너지를 필요로 할 뿐만 아니라(우리가 섭취하는 총 칼로리의 약 20%) 제대로 기능하려면 특정 영양소가 필요하다는 사실을 명확하게 확인할 수 있다. 즉, 균형 잡힌 식사를 해서 잘못될 일은 없다는 말이다.

• 리더의 뇌파 •
꼭 기억해야 할 점

1   다른 사람들을 잘 이끌려면 유대감이 중요하다. 감각 신호를 제대로 이해하고 다른 사람의 관점을 고려하면 사회적 뇌를 강화할 수 있다.

2   권력을 남용해서는 안 된다. 연구를 통해 실제로 권력을 가질수록, 혹은 권력을 가지고 있다고 느낄수록 다른 사람에게 관심을 덜 갖는다는 경향이 드러났다(특히 회사에서 직급이 낮은 사람들에게는 관심을 덜 가진다). 이런 태도 때문에 다른 직원들의 관점에서 상황을 바라보고 가치 있는 새로운 정보를 얻기가 어려워진다.

3   편견은 다른 사람의 입장에서 상황을 바라보고 공감하는 데 걸림돌이 된다. 자신과 타인을 나누어 생각하는 이분법적 사고를 인식하고 공통점에 집중하면 편견의 영향을 줄이는 데 도움이 된다.

제 2 장

뇌도 함께하면 닮는다

Brains That Fire Together Wire Together

케미 좋은 팀워크의 비결

1980년 2월 22일, 미국 뉴욕주 레이크플래시드의 겨울치고는 유난히 따뜻한 날이었다. 미국 남자 하키 팀과 소련 팀의 경기가 열리는 올림픽 경기장 외부 온도는 섭씨 10℃에 달했다. 세계 최고의 팀으로 알려진 소련 팀은 우승 후보라는 말로는 부족한 팀이었다. 이미 올림픽에서 금메달만 네 번이나 땄을 정도로 기량이 뛰어났다. 선수 명단에 이름을 올린 선수들은 모두 풀타임 프로 선수들이었으며, 그중에는 하키 역사상 아주 뛰어나다고 알려진 선수도 넷이나 포함되어 있었다.

미국 하키 팀 허브 브룩스Herb Brooks 감독은 경험이 풍부한 사람이었다. 브룩스는 20대 아마추어 선수들로 구성된 미국 하키 팀이 소련 팀을 이기려면 재능만으로는 안 된다고 판단했다. 대학 때 배웠던 심리학을 바탕으로 브룩스는 특별한 팀워크를 갖춘 팀을 꾸렸다. 모든 팀원을 상대로 300개의 문항으로 구성된 심리학 검사를 진행했다. 이를 통해 각 팀원의 정신적 강인함을 측정하고 어떤 선수들에게 기질적인 공통점이 있는지 찾아냈다. 그런 다음 이전에 같은 팀에서 뛰었던 두 그룹의 선수를 선발했다(그중 아홉 명은 미네소타대학교에서 브룩스의 지휘를 받은 적이 있었다). 브룩스는 선수들이 감독을 향한 증오심으로 똘똘 뭉치길 기대하며 일부러 더 거칠게 대했다.

몇 달에 걸쳐 선수들을 훈련하는 동안 브룩스는 상대적으로 약체여도 이길 수 있다는 믿음을 심어줬다. 경기 당일 아침, 브룩스는 선수들에게 이렇게 말했다. "이길 운명이야. 이제 너희들의 때가 왔어. 반드시 이길 거야."[33] 미국 팀이 4:3으로 소련을 꺾고 금메달을 거머쥘 수 있었던 것은 브룩스가 의도적으로 팀워크를 강화하기 위해 노력했기 때문이다. 나중에 '빙판 위의 기적'으로 불린 이 사건은 미국 스포츠 역사상 매우 감동적인 순간 중 하나로 꼽힌다.

소련과 미국의 아이스하키 결승전 이후, 많은 연구진이 브룩스의 팀워크 강화 전략을 연구해 관련 논문을 내놓았다. 다행히도 브룩스처럼 굳이 미움을 사서 팀원들의 결속력을 다지려 하는 리더는 거의 없었다. 하지만 팀워크를 키우기 위해 브룩스처럼 의도적인 노력을 기울이는 리더 역시 많지 않았다. 사실 오늘날의 다양한 팀이 안고 있는 많은 문제의 근원을 추적하면 끝에는 꼭 리더가 있다. 팀을 꾸리고 공통의 과제를 제시한 다음 최선을 기대하는 리더가 문제의 핵심인 경우가 많다.

팀에는 개인이 없다

팀워크는 한 번도 쉬웠던 적이 없다. 팀을 꾸린 탓에 오히려 시간과 자원이 낭비될 수도 있다. 속도가 느리거나 성과가 저조할 수도 있고, 팀 자체가 제 기능을 못 할 수도 있다. 그뿐만 아니라 오늘날의 팀은 수많은 새로운 도전과 맞서야 한다. 예를 들면, 팀원들이 들어왔다 나가는 속도가 한층 빨라지면서 팀의 안정성이 줄어들었다. 지리적 차이, 문화적 차이, 의사소통 문제 등으로 성과가 저하될 수도 있다. 팀원들이 직접 만나지 않고 가상 환경에 모여 일을 하면 이런 문제는 더욱 심각해질 수밖에 없다.

하지만 조직 업무 중 상당수는 여전히 팀 단위로 진행되고, 그중 몇몇 팀은 매우 훌륭한 성과를 낸다. 문제는 팀 자체가 아니라 팀이 운영되는 방식에 있다. 개개인의 사회적 뇌에 관한 신경과학적 연구 결과를 기반으로 새로운 연구가 진행되었다. 연구진은 팀워크를 집중적으로 탐구했고, 팀워크는 팀의 리더와 팀원 모두에게 매우 큰 영향을 미친다는 사실을 알아냈다.

와튼스쿨 마르틴 하스Martine Haas 교수는 팀 효과성team effectiveness에 대한 광범위한 연구를 진행해 팀워크와 성과의 연결성을 정확하게 밝혀냈다. 하스는 공동 저자 마크 모텐슨Mark Mortensen과 함께 경영지『하버드비즈니스리뷰』에 관련 내용을 기고했다. 두 사람은 2000년대 초에 전 하버드 심리학 교수 J. 리처드 해크먼J. Richard Hackman이 찾아낸 팀 효과성의 기본 원칙(설득력 있는 방향성, 강력한 구조, 협조적인 맥락)이 여전히 유효하다고 지적했다. 또 두 저자는 현대의 팀에서는 네 번째 조건, 즉 공통된 사고방식도 중요하다는 사실을 발견했다. 팀 리더가 '공통의 정체성과 공통의 이해를 강조해야' 팀원들이 공통된 사고방식을 갖게 된다는 것이 두 사람의 주장이다.[34]

팀이 공통의 정체성을 바탕으로 공통된 이해를 갖고 있으면 팀원들 사이에서는 어떤 일이 벌어질까? 그보다 더욱 중요한 질문이 하나 있다. 공통의 정체성과 공통의 이해를 위해 팀 리더는 무엇을 해야 할까? 신경과학 분야에서 확인된 연구 결과와 통찰력은 이 질문에 대한 답을 제시한다.

팀워크의 비법, 동기화

1장에서 설명한 사회적 뇌 연결망에 관한 중요한 연구 결과가 공개되었다. 사람들이 서로 강한 유대감을 갖거나 업무를 위해 서로 협력할 때 뇌가 동기화synchrony된다. 다시 말해서 신경 활동 패턴이 정렬된다. 뇌가 동기화되면 심장 박동을 비롯한 다른 생리 작용도 동기화된다. 신경과학자들은 생리 작용이 동기화되면 호감, 이해, 공감, 라포rapport(상호 신뢰 관계), 협력 등도 강화된다는 사실을 발견했다.[35] 동기화는 좀 더 많은 정보를 전달하고 이해를 증진하는 역할도 한다. 이런 모든 요인이 팀의 화합에 중요한 영향을 미친다.

엄마와 아기, 교사와 학생, 심지어 뜨거운 석탄 위를 걷는 사람과 그 모습을 지켜보는 관객 사이에도 생리학적 동기화 현상이 나타난다는 사실은 이미 수많은 연구를 통해 밝혀졌다.[36] 2017년 뉴욕의 어느 고등학교에서 뇌파를 이용해 학생들과 교사의 뇌 활동을 측정하는 실험이 진행되었다.[37] 연구진은 학생들과 교사 간의 동기화 수준이 높을수록 참여도가 높아지고 성과가 개선된다는 사실을 확인했다.

어떻게 이런 동기화가 가능했을까? 뉴욕고등학교를 대상으로 한 연구에서는 동기화가 주의 집중 및 사회적 뇌 활성화와 관련이 있다는 사실이 드러났다. 수업이 시작되기 전 학생들이 서로 2분간 눈을 맞출 때 뇌 동기화가 활발하게 이뤄졌다. 온라인 환경에서는 뇌를 동기화하기가 좀 더 어렵다. 줌 같은 온라인 플랫폼에서 수업을 진행하면 어느 정도 상대방의 주의를 끌고 표정도 관찰할 수 있다. 하지만 기술이 허락하는 범위 내에서만 효과를 얻을 수 있다. 하드웨어 문제도 있다. 참가자들은 스크린 위에 있는 카메라를 바라보는 것이지, 수업에 참여 중인 다른 사람을 보는 것이 아니다. 온라인 환경에서 관계를 발전시키고 협력하는 데 도움이 되는 더 나은 방법을 찾아야 한다. 물리적으로는 각자 다른 곳에 있어도, 원격 회의 앱을 통해 같은 온라인 공간에서 만난 팀원들 간의 동기화를 강화할 심층 연구가 필요하다.

2019년 초 일본 생리학연구소에서 일하던 노리히로 사다토는 연구가 진행된 뉴욕고등학교 학생들이 2분 동안 눈을 맞추는 사이에 어떤 일이 벌어졌는지 정확하게 알아보기로 했다.[38] 연구진은 fMRI를 이용해 사람들이 눈을 맞추는 동안 사회적 뇌가 다른 사람의 의도와 행동을 이해할 준비를 한다는 사실을 확인했다. 더불어 눈을 맞추는 두 사람의 뇌에서 같은 영역이 동시에 활성화되었는데, 좀 더 구체적으로 말하자면 소뇌와 거울 뉴런 체계가 반응을 보였다. 보통 눈을 포함한 신체 일부를 움직이거나 다른 사람이 신체를 움직이는 모습을 볼 때 이런 영역이 활성화된다.

눈 맞춤은 시작에 불과하다. 팀 리더는 여러 가지 방법을 활용해 팀원의 뇌를 동기화 상태로 전환할 수 있다. 얼마 전 우리 연구 팀과 함께 펜실베이니아대학교의 지상 조정 훈련센터 Coach Ted A. Nash Land Based Rowing Center를 방문했다. 훈련 조건의 변화에 따라 동기화 수준과 성과가 달라지는지 확인하는 것이 목적이었다. 연구진은 먼저 심박수에 초점을 맞췄다. 땀 흘리며 운동하는 선수들의 심박수를 측정하는 것이 비교적 비용이 적게 들고 간단했기 때문이다. 심박수 동기화는 뇌에서 시작해 다른 생리학적 과정으로 퍼져나간다. 이런 생리학적 과정은 핏빗Fitbit이나 애플 워치Apple watch 같은 기기로 측정할 수 있다. 우리 연구진은 가능한 한 가장 정확하게 심박수를 확인하기 위해 폴라Polar 흉부 심박계를 활용했다.

먼저 '에르그ERG'라고 부르는 실내용 조정 훈련 장치에서 혼자 훈련하는 선수들의 심박수를 측정했다. 다음으로 일렬로 늘어선 에르그에 나란히 앉아 함께 훈련하는 팀원 네 명의 심박수를 측정했다. 마지막으로 팀원들이 신체적으로 동기화되도록 기다란 막대로 에르그를 연결했다. 연결된 에르그로 훈련을 하면 동일한 감각과 행동을 동시에 경험해 뇌가 동기화될 것이라고 가정했다.

연구는 여전히 진행 중이지만 초기 연구 결과는 신체적 동기화가 뇌의 동기화로 이어진다는 생각을 뒷받침한다. 조정팀에게는 신체적 동기화가 매우 중요하다. 신체가 동기화되어 있어야 경기에서 이길 수 있고, 배가 뒤집히는 것을 막을 수 있다. 우리는 연구를 통해 동료 팀원들을 보고, 그들의 목소리를 듣는 것 역시 생리적 동기화에 도움이 된다는 사실을 확인했다. 아마 냄새를 맡는 것 역시 도움이 될 것이다. 나란히 노를 젓는 팀원들의 심박수는 기다란 막대로 연결된 에르그에 앉아 노를 젓는 팀원들의 심박수와 비슷했다. 반면, 홀로 노를 젓는 팀원들의 심박수는 전혀 동기화되지 않았다. 동기화된 심박수는 그룹의 흐름group flow, 즉 조정 선수들이 '스윙swing'이라고 부르는 연결감 및 일체감과 밀접한 관련이 있다. 코치는 이런 정보를 토대로 팀원들 간의 유대감을 강화하는 훈련 프로그램을 만들 수 있고, 적절한 사람들을 모아 팀을 꾸릴 수도 있다.

우리 연구진은 경기 결과를 예측하는 요인을 파악하기 위해 영국 축구팀도 분석 중이다. 연구 목적은 운동 팀이 이 데이터를 이용해 훈련 프로그램을 수정하고 코치들이 좀 더 나은 관리 결정을 내려 최상의 팀워크를 끌어내도록 돕는 것이다. 우리가 스포츠를 중점적으로 분석하는 이유는 무엇일까? 결과를 쉽게 정량화할 수 있고 사소한 성과 개선이 팀의 승패에 큰 영향을 미친다는 점을 고려하면, 스포츠가 이런 아이디어를 시험하는 데 매우 이상적인 분야이기 때문이다.

이런 연구 결과는 경기장부터 이사회실까지 이르는 모든 곳에 포괄적으로 적용할 수 있다. 현재 우리는 가상의 기업에 지원한 후보들을 평가하는 면접 위원회의 심박수를 측정해 생리학적 동기화 정도를 측정하고 있다. 3~6명으로 구성된 위원회의 각 면접관에게는 지원자에 대한 공통 정보와 개별 정보를 모두 제공했다. 연구 결과, 생리학적 동기화 수준이 높은 위원회가 합의에 도달할 가능성이 좀 더 높았다. 각자의 통찰력을 적극적으로 공유한 것이 도움이 되었다. 또한 생리학적 동기화 수준이 높을수록 최적의 후보를 찾을 가능성도 높아졌다. 코로나19 팬데믹 기간에 상당수의 면접이 원격으로 진행되었다. 우리 연구진은 이런 추세를 반영해 원격으로 운영되는 위원회에서도 같은 현상이 나타나는지 연구를 진행하고 있다.

스포츠 이야기는 이쯤 하고 다시 비즈니스 이야기를 해보자면, 이런 팀 빌딩 활동이 반드시 시간 낭비는 아니다('팀 빌딩'과 '낭비'라는 단어를 검색하면 수십 페이지의 검색 결과가 나온다). 이미 여러 연구를 통해 같은 퍼즐을 맞추거나 레고 구조물을 만들거나 심지어 같은 영화를 보기만 해도 뇌 동기화가 일어날 수 있다는 사실이 밝혀졌다.[39] 앞서 설명한 뉴욕고등학교 연구에서도 확인할 수 있듯이 눈을 맞추는 행위도 동기화에 도움이 된다. 옥시토신 분비를 통해 뇌가 동기화될 가능성이 있다. 실제 한 연구에서 원숭이에게 옥시토신을 투여하자 원숭이의 행동이 동기화되었다. 행동이 동기화되면서 뇌의 동기화 작용이 한층 강해졌을 가능성도 있다.[40]

오늘날 개개인이 가족 구성원 이외의 사람들과 사회적으로 상호작용을 하는 시간은 급감한 반면 가상 상호작용, 특히 업무를 위해 가상으로 상호작용을 하는 시간은 급증했다. 인간의 사회적 삶이 심각하게 파괴되는 현상이 의사 결정과 정신 건강에 어떤 영향을 미치는지는 아직 밝혀지지 않았다. 특히 사회적 동기화 감소가 어떤 결과를 초래하는지에 관해서는 알려진 바가 없다. 새로운 연구가 이런 영향과 메커니즘을 이해하는 데 도움이 될 수도 있다. 나아가, 코로나19 위기를 극복하고 기후변화나 향후에 발생할 새로운 팬데믹 등 집단행동을 요구하는 미래의 위기에 적응하는 길을 밝혀줄 수도 있다.

동기화에 도움이 되는 세 가지 방법

게임

헬륨 후프Helium Hoop는 팀원 6~8명이 훌라후프를 이용해 협동심을 기르는 활동이다. 헬륨 후프에 성공하려면 모든 팀원이 신체적으로 동기화되어야 한다. 팀원들은 먼저 집게손가락으로 훌라후프를 받친다. 그런 다음 훌라후프가 한쪽으로 쏠리지 않도록 주의하면서 바닥까지 내려야 한다. 헬륨 후프 활동을 하다 보면 다 같이 협동하지 않으면 성공할 수 없다는 사실을 금세 깨닫게 된다.

헬륨 후프 활동이 끝난 후 각 팀의 활동 결과를 알려줄 때는 성과 피드백뿐 아니라 팀 전체의 강점과 약점도 확인해야 한다. 우리 연구진은 현재 더 나은 성과를 뒷받침하는 신경·생물학적 메커니즘을 찾아내기 위해 헬륨 후프에 관한 연구를 진행 중이다.

스토리텔링

프린스턴대학교의 신경과학자 우리 하슨Uri Hasson은 스토리텔링을 통해서도 팀원들의 동기화를 촉진할 수 있다는 사실을 밝혀냈다.[41] 잘 마무리된 일을 되짚어보는 시간은 단순히 사기를 높이는 것 이상의 효과를 낸다. 이런 활동은 실제로 팀을 동기화하고 다음 성과를 준비하는 데 도움이 된다.

미러링

팀원들과 회의를 하거나 잔뜩 긴장된 상황을 부드럽게 만들거나 협상을 시작할 때 미러링을 시도해보기를 바란다. 우리는 대개 무의식적으로 다른 사람의 몸동작을 미묘하게 따라 한다. 이런 행동은 단순한 보디랭귀지나 모방이 아니다. 미러링은 뇌에 영향을 미쳐 라포와 유대감을 형성하는 역할을 한다. fMRI를 활용하면 미러링하는 사람과 미러링의 대상이 되는 사람의 뇌가 동기화되는 것을 알 수 있다.

팀 리더는 팀원들의 몸동작이나 감정 반응을 따라 함으로써 팀원들에게 이해하고 공감하고 있다는 신호를 보낼 수 있다. 미러링은 신뢰와 지지를 나타내는 비언어적 신호이며 스트레스가 잔뜩 쌓인 상황에서 긴장감을 누그러뜨리는 데도 도움이 된다. 둘 이상의 구성원의 대립을 중재하고 싶다면 대립 중인 당사자가 하는 말을 중립적인 어조로 따라 하면 된다. 단, 목소리를 통해 비판적인 태도나 반대 의견이 드러나지 않도록 주의해야 한다. 이렇게 하면 각 당사자와 중재자 모두 서로의 입장을 잘 이해할 수 있게 된다.

상대의 언어를 따라 하는 방법은 협상에서도 빛을 발한다. 전직 FBI 요원 크리스 보스Chris Voss는 공동 집필한 저서 『우리는 어떻게 마음을 움직이는가』(프롬북스, 2016)에서 흥미로운 사실을 지적했다. 사람들은 어휘, 목소리 톤, 몸동작이 자신의 상사와 일치할 때 위협을 덜 느끼고 좀 더 마음을 연다고 이야기했다. 실제 협상 상대의 마지막 말에서 1~3개의 키워드를 뽑아 반복해 이야기하면 빠르게 라포를 형성할 수 있다.[42]

팀 정체성

미국 안경 판매 업체 워비 파커Warby Parker
는 직원을 채용할 때 기업과 팀 문화를 상징하는 유·무형의 요
소를 모두 제공한다. 새로 채용된 모든 사원에게 잭 케루악Jack
Kerouac의 소설 『다르마 행려』(시공사, 2015, 워비 파커라는 사명 자체가
케루악의 소설에 등장하는 두 인물의 이름을 따서 만든 것이다) 한 권, 마
틴스Martin's 프레첼(창업주들이 회사 설립 기간에 자주 먹었던 음식), 타
이 식당 상품권(회사 설립 초창기에 밤늦도록 영업하던 유일한 식당이었
다)을 준다.[43]

실제 팀 관계는 공통점을 만들어내거나 공통점에 집중할 때
좋아진다. 다시 말해, 모두가 믿을 수 있는 팀 정체성을 만들어
야 한다. 모두가 하나의 팀이라고 느낄 때 리더의 공감 능력,
상호 이해 능력, 협력 의지가 강화된다. 누구 하나라도 팀의 일
원이 아닌 것 같다고 느끼면 반대의 상황이 벌어질 수도 있다.
소속감을 느끼지 못하는 사람은 상대를 불신하고, 협력을 어렵
게 생각한다.

신경과학 연구에 따르면, 인간은 누군가와 접촉하는 즉시
상대가 친구인지 적인지 판단한다. 따라서 리더는 가능한 한

빨리 유대감을 형성해 '적대적 반응'이 일어날 가능성을 줄이고 신뢰감을 높이기 위해 노력해야 한다. 뉴욕대학교 교수인 제이 반 바벨Jay Van Bavel은 사람들이 하나의 팀이 되어 협력하기까지 단 몇 분이면 충분하다는 사실을 밝혀냈다.[44]

뇌 검사를 활용한 다양한 연구 결과를 보면, 사람들은 누군가가 자신과 같은 그룹에 속해 있다는 말을 듣는 순간 상대를 더 긍정적으로 인식한다.[45] 상대의 성별이나 인종이 자신과 다를 때도 같은 반응이 나타났다. 다른 사람과의 사이에서 강력한 유대 관계가 형성되면 옥시토신이 분비되는데, 이때도 비슷한 현상을 볼 수 있다. 옥시토신이 분비되면 위협 반응이 최소화되어 상대를 친구이자 동료 팀원으로 보게 된다.

단기 프로젝트를 완수하기 위해 만들어진 팀이라도 목표, 가치, 비전을 공유해 팀 정체성을 확립하는 것이 좋다. 팀 전체에 신념을 공유하면 팀원 간의 신뢰와 이해가 한층 깊어진다. 팀이 달성하려는 목표가 무엇인지, 혼자서 목표를 달성할 수 없는 이유가 무엇인지, 목표를 달성하려면 무엇을 해야 하는지를 처음부터 모든 팀원이 이해해야 한다.

한 연구를 통해 팀 전체, 혹은 다른 팀원들이 일을 잘 해내는 모습을 보면 뇌의 보상 중추가 활성화된다는 사실이 밝혀졌다. 리더를 비롯한 모든 팀원은 목표 달성, 개인적인 성취, 기타 다른 긍정적인 결과를 팀 전체와 공유해야 한다. 다른 사람들과의 협동이 잘 이루어질 때도 보상 중추가 활성화된다. 이는 곧 우리 뇌가 협력을 북돋아준다는 뜻이다. 옛날부터 협력은 입지를 다지기 위한 최고의 방법이었다. 어쩌면 지금도 그럴지 모른다.

월드 시리즈 우승의 비결

빠르게 유대감을 쌓는 것도 중요하지만 한번 쌓은 유대감을 유지하는 것 역시 중요하다. 팀 리더는 팀과 관련된 결정을 내릴 때마다 팀원들 간의 관계를 계속해서 고려해야 한다. 2012년 우승 가능성이 희박했던 샌프란시스코 자이언츠San Francisco Giants가 디트로이트 타이거즈Detroit Tigers를 상대로 메이저리그 월드 시리즈 우승컵을 거머쥐었다. '얼음 위의 기적'을 이룬 하키팀과 마찬가지로 샌프란시스코 자이언츠의 성공 일화는 순식간에 팀워크 연구 전문가들의 관심을 사로잡았다. 통계 자료에 따르면 특별한 점은 없었다. 타율은 5위였지만 타점은 15위, 홈런은 꼴찌였다. 타이거즈에는 명예의 전당에 오를 만한 선수가 셋이나 있었지만 자이언츠에는 그럴 만한 선수도 없었다.

자이언츠는 어떻게 네 게임을 연속으로 이겨 압승을 거둘 수 있었을까? 단서가 될 만한 사건이 두 가지 있었다. 플레이오프 몇 달 전, 메이저리그 올스타 경기 MVP로 뽑혔던 멜키 카브레라Melky Cabrera가 경기력 향상을 돕는 약물을 복용했다는 이유로 50경기 출장 정지 징계를 받았다. 징계가 끝난 후 포스트시즌에 합류할 수도 있었지만 브루스 보치Bruce Bochy 감독과 브라이언 사빈Brian Sabean 단장은 카브레라 대신 마이너리그에서 뛰고 있던 외야수 그레고 블랑코Gregor Blanco를 대타로 뽑았다.

두 사람은 왜 이토록 위험한 결정을 한 것일까? 보치와 사빈은 카브레라가 다시 팀으로 돌아와 팀워크가 깨지면 더 심각한 문제가 발생할 것이라고 생각했다. 두 사람의 생각은 옳았다. 블랑코는 신들린 수비력을 자랑했고, 3차전에서 3루타를 기록하며 자이언츠의 승리에 결정적인 역할을 했다.

또 다른 사건은 1차전에 선발로 출전해 승리투수가 된 배리 지토Barry Zito가 미국 잡지 『디 애틀랜틱The Atlantic』과의 인터뷰에서 언급한 일화로 확인할 수 있다. 지토는 월드 시리즈가 시작되기 전 내셔널리그 디비전 시리즈에서 상대 팀에 두 게임 뒤처졌을 때, 자이언츠가 터닝포인트를 맞았다고 이야기했다.[46] 보치 감독이 경기 시작 전 선수들에게 격려의 말을 건넨 뒤, 시즌 중 트레이드되어 자이언츠에 들어온 헌터 펜스Hunter Pence가 말문을 열었다. 지토의 설명에 따르면, 펜스는 부흥회에서 신도들을 격려하는 전도사 같은 열정으로 팀의 부흥을 응원했다. 동료 팀원들과 '열광적으로' 눈을 맞추기도 했다(이번에도 역시 옥시토신이 작용했다).

팀워크를 만들어내는 사람

2017년 시카고 연방준비은행Federal Reserve Bank of Chicago의 경제학 교수 두 명과 인디애나대학교 켈리 경영대학원의 조교수가 MIT 슬론 스포츠 분석 콘퍼런스MIT Sloan Sports Analytics Conference에서 연구 결과를 발표했다. 세 사람은 「데이비드 로스를 찾아서In Search of David Ross」라는 제목으로 팀워크에 관한 연구를 진행했다.[47] 연구진은 개별 선수의 성과를 근거로 예측한 기록과 실제 승패 기록의 평균이 매우 다른 팀을 대상으로 15시즌 동안 누적된 데이터를 분석했다. 분석 결과, 이런 팀에는 주기적으로 우수한 성적을 내는 선수들이 있었다. 연구진은 이런 선수들이 팀워크를 만들어내 팀 성적을 개별 선수의 기여도를 모두 더한 것보다 훨씬 높은 수준으로 끌어올린다는 가설을 세웠다.

야구의 경우, 팀워크에 기여하는 사람과 연간 수천만 달러를 연봉으로 받는 슈퍼스타가 늘 일치하지는 않는다. 오히려 겉보기에 다른 선수들과 다를 바 없어 보이고 평범한 통계치를 가진 선수들이 이런 역할을 한다. 다시 말해 이들의 역할은 저평가되는 경우가 많다. 제드 호이어Jed Hoyer는 보스턴 레드삭스에서 단장 보좌로 일할 당시 일루수로 앤서니 리조Anthony Rizzo를 지명했다. 리조는 이후 5년 동안 마이너리그 팀에서 뛰었다. 2012년 시카고 컵스 단장이었던 호이어는 선수 트레이드를 통해 샌디에이고 파드레스에서 뛰고 있던 리조를 영입했다. 호이어는 리조가 얼마나 중요한 역할을 하는지 잘 알고 있었다.

리조는 여전히 컵스에서 뛰고 있다. 그는 올스타 선수일 뿐만 아니라 컵스의 팀워크 강화에 중요한 역할을 한다. 2016년 시카고 컵스는 클리블랜드 인디언스와 월드 시리즈에서 맞붙었다. 당시 컵스는 인디언스에 3승 1패로 뒤지고 있었다. 리조는 경기 시작 전에 사기를 돋우는 연설을 하는 것만으로는 부족하다고 판단했다. 세 경기가 남아 있는 상황에서 리조는 매 경기가 열리기 직전 영화 《록키》 주제곡에 맞춰 알몸으로 춤을 췄다. 앞서 언급한 로스는 리조의 나체 댄스가 팀원들의 긴장을 풀어줬다고 이야기했다. 컵스는 나머지 세 경기에서 모두 승리했고, 1908년 이후 첫 월드시리즈 우승을 차지했다.

MLB 컨설턴트이자 아동 심리학자인 러셀 칼튼Russel Carleton 역시 팀워크를 연구했다. 칼튼은 리조의 나체 댄스 같은 행동이 유대감을 형성한다고 이야기했다. 버클리대학교 연구진은 한 단계 더 나아갔다. 자이언츠 마이너리그 팀 선수들의 대기실에 고프로 카메라를 설치해 주먹을 마주치거나 하이파이브를 하거나 다른 의례적인 접촉을 할 때 유대감이 형성되는지 살펴보았다. 이런 연구는 신체적 동기화와 뇌 동기화 간의 연관성을 보여주는 또 다른 사례가 될 수 있다.[48]

칼튼은 또 다른 분석을 통해 이적률이 낮은 팀에서 홈런이 더 많이 나온다는 사실을 발견했다.[49] 갤럽은 여러 연구를 통해 이적률과 성과 사이의 관계를 찾아냈다. 팀원들 간의 유대감이 돈독한 팀은 참여도가 상위 20% 수준이며 이직률도 59%

나 낮다.[50] 팀을 이끄는 리더라면 이런 연구 결과에 주목해야 한다. 리더는 회의를 활기차게 이끌어나가면서도 엉뚱한 방향으로 새지 않도록 잘 통제해야 하고, 다른 팀원들과의 유대감 형성을 중요하게 여겨야 한다. 사소한 문제는 가볍게 넘겨야 하고 뛰어난 성과를 내는 직원을 적극적으로 육성해야 한다. 무엇보다 이런 직원들이 회사를 떠나지 않도록 잘 관리해야 한다.

팀을 잘 구축하는 사람이 돼라

팀원들의 유대감이 커지고 협력이 강화되면 팀 전체에 도움이 될까? 팀 리더는 다양한 방법으로 정체성을 구축하고 연민과 공감을 장려할 수 있다.

팀 정체성 만들기

사람들은 누가 자신의 편인지 아닌지를 신속하게 판단하기 때문에 팀 정체성을 빠르게 확립해야 한다. 실제로 같은 공간에 모여 일하는 팀과 온라인에서 만나 일하는 팀을 대거 분석한 와튼스쿨 경영학 교수 마르틴 하스Martine Hass는[51] 가상공간에서 함께 업무를 진행하는 팀을 이끌 때 특히 도움이 되는 세 가지 방안을 제안한다.

1. 모든 사람이 참여해 서로의 의견을 청취할 수 있도록 정기적으로 회의 및 체크인check-in을 진행해야 한다. 또한 직원들의 의견과 성과를 인정해야 한다. 우리 연구 팀의 경우에는 팬데믹 기간 동안 원격 근무로 전환한 뒤 일일 체크인 전략을 도입했는데 매우 유용했다.

2. 모든 사람이 팀의 목표를 이해하고 있는지 확인하고 개별 직원의 진행 상황 및 그들이 조직 전반에 이바지하는 바를 지속해서 상기시켜야 한다. 나 역시 체크인 시간을 마련해 팀의 목표를 상기시키고 팀원들이 조직 전반의 성과와 목표에 어떻게 기여하고 있는지 일깨운다.

3. 가상 사무실 투어와 사교 활동은 직원들이 서로를 좀 더 제대로 이해하고 원격 근무의 현실에 적응하는 데 도움이 된다. 원격 근무로 전환하고 나서 매주 금요일마다 팀

원들과 온라인 게임을 즐긴다. 우스꽝스러워 보이기도 하지만 효과가 있다. 금요일 체크인을 빼먹는 사람은 아무도 없다.

직접 만나서 함께 시간 보내기

여러 연구를 통해 직접 만나는 것이 팀 전체의 응집력을 유지하는 데 중요하다는 사실이 밝혀졌다. 먼저 뇌를 동기화하고 사회적 뇌를 활성화하는 게 팀워크에 얼마나 도움이 되는지 알아보자. 먼저, 눈을 맞추는 데서부터 출발한다. 팀의 목표나 목적처럼 중요한 내용을 전달할 때는 직접 만나는 것이 제일 좋다. 소통의 효과 중 상당 부분은 비언어적인 단서와 관련있다.[52] 이메일이나 전화 회의를 통해서는 이런 단서를 전달할 수 없다. 이미 잘 알고 있듯이 원격 근무에 첨단 회의 기술을 활용하더라도 이런 효과를 얻기가 정말 어렵다.

헬퍼스 하이

인간은 타인을 도울 때 정신적인 만족감을 느낀다. 이런 현상을 '헬퍼스 하이helper's high'라고 부르기도 한다. 다른 사람을 도울 때 사회적 유대감이 강화되고, 스트레스가 감소하고, 혈

압이 내려간다는 사실은 잘 알려져 있다. 팀 전체가 함께 봉사 활동에 참여하면 이 효과는 더 커진다. 봉사 경험을 공유하면 뇌의 공감 기능이 활성화되고 비슷한 사고방식을 공유하게 된다. 과거에 봉사했던 기억을 떠올리기만 해도 이런 효과는 계속된다. 봉사할 때 모두 같은 옷을 맞춰 입는 것도 도움이 된다. 실제 색깔이 같은 옷을 입으면 인종이 다른 사람에게도 뇌의 공감 반응이 강화된다는 연구 결과가 있다.[53]

1 인간의 뇌는 본능적으로 편을 가른다. 우리는 모두 누가 같은 팀이고, 누가 다른 팀인지 빠르게 결정하도록 타고났다. 팀 리더는 팀원 간의 유대감을 강화하고 편 가르기식 사고를 줄일 수 있도록 신속하게 대응해야 한다.

2 눈 맞춤, 미러링, 행동 동기화 같은 훈련은 유대감을 강화하고 신뢰를 구축하는 데 도움이 된다. 원격 근무를 할 때 이런 활동을 하려면 추가적인 노력과 주의가 필요하다. 피로도가 더 올라갈 수 있으니 가상 회의 중간중간에 충분한 휴식 시간을 갖는 게 좋다.

3 소통이 핵심이다. 정기 회의 때마다 모든 팀원이 팀의 목표를 제대로 이해하고 있는지 확인하고, 진행 상황을 제대로 알려주고, 아이디어와 성취 결과를 공유하도록 팀원들을 격려해야 한다. 원격 근무를 할 때는 이런 노력이 더욱 중요하다. 타인과 실질적인 관계를 맺지 않은 상태로 지내는 젊은 직원이 많은 요즘 같은 시대에는 이런 활동이 특히 더 중요하다.

제 3 장

해야 할 말을 하라

Say What You Need to Say

해상도 높은 소통을 위한 비법

2010년 4월 20일 밤, 석유 가스 기업 BP는 멕시코만에서 석유 시추 시설 딥워터 호라이즌Deepwater Horizon을 이용해 시추 작업을 하고 있었다. 그러던 중 유정(석유의 원유를 퍼내는 샘−편집자)에서 시추 파이프로 가스가 역류했다. 결국 딥워터 호라이즌이 폭발해 근로자 11명이 사망하고 17명이 부상을 입었다. 이 사고로 미국 역사상 최악의 원유 유출 사고가 발생했다. 87일이 지나 구멍을 막을 때까지 2억 6천만 갤런의 원유가 멕시코만으로 유출되었다.

폭발 사고 조사 임무를 맡은 연방 위원회는 "폭발 사고의 근본적인 원인은 산업 관리 실패가 확실하다. 이는 아주 심각한 문제다"라고 결론내렸다. 위원회는 BP 내부의 소통 실패, BP

와 계약 업체 간의 소통 실패를 가장 중대한 사고 원인으로 꼽았다.[54]

하지만 계약 업체와 정보를 공유하지 않은 것은 BP의 전략적 소통 실패 요인 중 하나에 불과했다. 폭발 사고가 발생한 뒤 BP는 'PR을 어떻게 처리해서는 안 되는지 보여주는 교과서적인 사례'로 꼽혔다.[55] CEO 토니 헤이워드Tony Hayward는 BP가 끼친 피해에 대해 사과하거나 우려를 표현하기는커녕 빳빳한 흰색 셔츠를 입고 정장용 구두를 신은 채 루이지애나 해변에 서서 "내 삶을 되찾고 싶을 뿐"이라고 말하며 다른 사람들을 비난했다.[56]

다행히도 헤이워드 같은 입장에 처해본 사람은 드물 것이다. 하지만 이메일이나 문자를 받은 상대가 전혀 다른 의미로 받아들여 당황스러운 결과나 심각한 문제가 뒤따르는 경우는 허다하다. 일반적으로는 직접 얼굴을 보고 소통하는 방법이 더 효과적이지만 때로 잘못된 인상을 주거나 원하는 바를 전달하지 못할 수도 있다. 소통의 본질을 제대로 이해하면 타인과의 상호작용을 개선하는 데 큰 도움이 되고 업무와 일상생활을 성공적으로 해낼 수 있다.

언어의 기원부터 살펴보면 우리 인간은 생존을 위해 사회적 상호작용과 협력에 의존하는 공동체에서 살아온 것이 분명하다. 손가락으로 무언가를 가리키는 동작, 특정 의미가 담긴 제스처, 소리 내기 등 아주 오래전부터 존재했던 다양한 형태의 소통이 언어로 발전했다.

2장에서 설명한 사회적 뇌 연결망에 대한 모든 내용이 여기에도 적용된다는 뜻이다. 모든 소통은 사회적 성격을 띠기 때문에 다른 사람과 유대 관계를 맺고 사회적 뇌를 강화하는 것은 소통 역량을 늘리는 데 도움이 된다.

새로운 신경과학 연구 결과 역시 효과적인 소통의 중요성을 강조한다. 다른 사람이 나의 말을 경청하고, 행동하게 만들기 위해 메시지를 조정하는 구체적인 방법을 몇 가지 소개하고자 한다. 성과에 대한 피드백을 제공할 때든, 변화를 받아들이도록 팀을 설득할 때든, 제품이나 서비스를 팔 때든 이 방법을 알아두면 도움이 된다.

하나의 이야기, 전혀 다른 두 개의 메시지

소통이 효과적으로 이루어지면 화자와 청

자의 뇌파가 동기화된다. 2장에서 설명했듯이 뇌 상태가 동기화되면 참여가 활발해지고 좀 더 효과적인 학습이 가능하다. 말하는 사람은 보통 듣는 사람에게 참여와 학습을 기대한다. 눈 맞춤과 미러링 외에 어떤 방법을 활용해야 상대방의 뇌파와 동기화할 수 있을까?

스토리텔링은 팀의 동기화를 장려하는 데 도움이 된다. 또 그 과정에서 팀워크가 강화된다. 팀의 동기화는 팀원 전체가 새로운 아이디어를 받아들이도록 만드는 데도 효과적이다.

프린스턴대학교의 야라 예슈런Yaara Yeshurun 교수와 동료들은 실험 참가자들에게 J.D. 샐린저J. D. Salinger의 단편소설『예쁜 입과 나의 녹색 눈Pretty Mouth and Green My Eyes』녹음본을 들려주었다. 샐린저는 독자들이 두 가지가 넘는 방식으로 해석하도록 일부러 이야기를 모호하게 만들었다. 이 이야기 속에는 질투 많은 남편이 등장한다. 남편은 마음의 평화를 얻기 위해 가장 친한 친구에게 전화를 걸고 친구는 매력적인 여인의 품에 안겨 있다. 친구와 함께 있는 여자는 단순히 사랑하는 사람일 수도 있고 주인공의 아내일 수도 있다.

연구진은 참가자를 두 그룹으로 나눈 다음 각 그룹에 둘 중 한 가지 해석을 반영하는 문장을 하나씩 제시했다. fMRI 분석 결과, 이야기를 똑같이 해석한 참가자들 사이에서 거울 뉴런 시스템(심적 시뮬레이션, 의도 이해 등과 관련이 있다), 언어 이해 영역, 기본 모드 신경망default-mode network(공상, 미래 상상, 주변 관찰, 타인의 의도 추론 등을 할 때 활성화되는 영역)의 신경 반응이 매우 유사하게 나타났다. 이야기를 다르게 해석하는 두 그룹의 신경 반응에서는 유사점이 거의 드러나지 않았다. 이 결과를 본 연구진은 같은 방식으로 이해하면 같은 신경 반응이 나타난다는 결론을 내렸다.[58]

이 결론은 매우 중요하다. 단순히 한 팀이 같은 이야기를 완전히 똑같이 전해 들을 필요는 없다. 그보다는 이야기가 의미하는 바에 대한 믿음을 공유하는 것이 중요하다. 뇌는 같은 단어라도 어떻게 생각하는지에 따라 매우 다르게 처리한다. 즉 이야기를 들려주거나 메시지를 전달하는 것만으로도 모든 팀원이 한마음 한뜻으로 참여하거나 팀원의 뇌가 동기화될 것이라고 기대하기는 어렵다. 사람이라면 누구나 남들과 같은 생각을 하는 데 걸림돌이 되는 자신만의 경험, 편견, 방해 요인을 갖고 있다. 팀원들의 뇌를 동기화하려면 모든 팀원이 비슷한 방식으로 들어야 한다. 스텔라 콜린스Stella Collins는 저서 『학습과 발달: 신경과학과 심리학을 활용해 학습 및 훈련을 개선하는 방법Neuroscience for Learning and Development: How to Apply Neuroscience and Psychology for Improved Learning and Training』59에서 프린스턴 연구진이 공개한 것과 유사한 결과를 발표했다. 즉, 청취자들이 자신이 의도한 대로 메시지를 받아들이도록 미리 판단과 이해의 기준이 되는 관점을 미리 제시해야 한다.

청중을 상대로 프라이밍 효과를 활용하는 방법

사회심리학자 로버트 치알디니Robert Cialdini는 저서 『초전 설득』(21세기북스, 2018)60에서 청중이 당신이 전달하는 메시지를 잘 받아들이도록 준비시키는 방법을 알려준다.

타이밍. 사람들이 새로운 것을 듣고 받아들일 준비가 가장 잘 되어 있을 때는 언제일까? 다이어트, 운동 루틴, 기타 다른 중대한 변화가 생겨나는 시점을 생각해보자. 대개 월요일, 새해가 시작될 무렵, 매달 첫째 날, 혹은 계절이 시작되는 날이다. '새로운 시작'처럼 느껴지는 모든 순간이 변화를 꾀하기 좋은 때다.

관심. 먼저 당신이 전달하려는 메시지와 관련해 지금 청중이 하는 생각과 감정을 직접적으로 언급하는 것이 좋다. 이때, '여러분', '여러분의' 같은 이인칭 대명사를 사용하는 것이 효과적이다. 그런 다음 청중의 관심을 당신이 원하는 방향으로 돌리면 된다. 치알디니는 어떤 아이디어에 관심이 생기자마자 그를 터무니없을 정도로 소중하게 여기기 시작하는 인간의 성향을 활용한 방법이라고 설명한다.[61]

연상. 청중에게 친숙한 단어와 이미지를 활용해 당신이 전달하려는 메시지에 청중이 마음을 열게 만들어야 한다. 이런 단어와 이미지가 당신이 전달하려는 개념과 관련해 긍정적인 생각과 감정을 불러일으키게 해야 한다.

설득을 통해 변화시키는 방법

힘든 변화를 꾀하도록 누군가를 설득해야 한다면 어떨까? 대부분의 사람에게 변화는 힘든 일이다. 직장에서의 변화는 특히 그렇다. 미국심리학회(American Psychological Association)가 실시한 설문 조사에서 전체 직원 중 55%가 직장 내 변화 때문에 스트레스가 극심하다고 답했다.[62] 설상가상으로 직장 내 문제는 직장에서 끝나지 않고 음주, 마약, 가족 문제로 이어진다. 효과적인 소통을 통해 변화를 관리하는 방법을 이해하는 것이 그 어느 때보다 중요해졌다.

펜실베이니아대학교 애넌버그 언론대학교에서 커뮤니케이

션, 심리학, 마케팅을 가르치는 에밀리 포크^{Emily Falk} 조교수는[63]
프라이밍^{priming}, 즉 미리 자극에 노출시켜 이후에 유사한 자극
이 주어졌을 때 좀 더 빨리 반응하게 만드는 것이 중요하다는
연구 결과를 내놓았다. 연구진은 좌식 생활을 하는 과체중 혹
은 비만 상태의 성인 중 다양한 건강 문제를 겪는 사람들을 중
점적으로 살폈다. 대부분의 연구 참가자들은 좀 더 많이 움직
여야 한다거나 좀 더 건강한 식사를 해야 한다는 메시지에 방
어적인 반응을 보였다. 전제 자체에 동의하는 사람도 그런 방
법이 자신에게는 효과적이지 않다고 결론 내린다.

포크를 비롯한 연구진은 이와 같은 본능적인 방어 충동을
억제하기 위해 전체 참가자 중 절반에게 '자기 초월 과제'를 주
었다. 자기 초월 과제를 받은 참가자는 자신에게 가장 중요한
존재(가족이나 친구, 영적인 존재 등)에 대해 생각하거나 지인과 모
르는 사람의 안녕을 반복해서 기원했다. 연구진이 실시간으로
뇌 활동 상태를 확인할 수 있도록 참가자들은 fMRI 기기 속에
서 자기 초월 과제를 수행했다. 대조군은 같은 시간 동안 자신
에게 가장 중요하지 않은 것을 떠올렸다.

연구진은 보상 및 긍정적 평가와 관련된 뇌 영역을 비교했
을 때 자기 초월적 사고를 한 참가자들의 뇌 활동이 대조군보

다 훨씬 활발하다는 사실을 확인했다.

다음 단계에서는 모든 참가자에게 현재의 생활 방식이 건강에 부정적인 영향을 미치는 이유를 설명하는 메시지나 분명한 변화를 유도하는 메시지를 전달했다. 연구진은 이후 한 달동안 매일 참가자들에게 메시지를 보냈다. 실험군과 대조군에게 각각 자기 초월적인 사고를 하도록 상기시키는 메시지와 그 반대의 메시지를 보낸 다음 실험실에서 제시했던 것과 같은 건강에 관한 메시지를 발송했다. 참가자들은 연구진이 각종 신체 지표를 확인할 수 있도록 추적 장치를 착용했다. 놀랍게도 자기 초월적인 과제를 수행한 쪽에서 보상 및 긍정적 평가와 관련된 영역이 훨씬 활성화되었다. 연구 직후뿐 아니라 이후 한 달 동안에도 같은 결과가 관찰되었다.

포크와 동료들은 사용자들이 힘든 변화를 이뤄내고 유지할 수 있도록 개인화된 메시지를 보내고 건강한 선택을 유도하며 실제 활동 현황을 추적하는 리브 액티브Live Active!라는 앱을 출시했다.

이 연구가 주는 교훈은 명확하다. 리더는 프라이밍 효과를 활용해야 한다. 다시 말해서, 팀원들의 행동 변화를 요구하는 힘든 소식을 무작정 전달하기 전에 팀원들이 자신보다 좀 더 큰 무언가를 생각하도록 준비시켜야 한다. 운동 팀 감독이나 정치인 못지않게 비즈니스 리더들에게도 중요한 덕목이다.

무엇보다 중요한 첫인상

사람은 누군가를 만나자마자 거의 순식간에 상대를 친구 또는 적으로 나눈다고 했던 말을 기억하는가? 일대일 대화를 시작하든, 대규모 그룹을 앞에 두고 연설을 하든, 아니면 그 중간쯤 되는 무언가를 하든 첫인상이 중요하다. 다른 사람과 소통할 때 눈 맞춤이 무엇보다 중요하다는 사실은 잘 알려져 있다. 하지만 다른 비언어적인 신호 역시 중요하다.[64] 미소, 몸의 위치, 자세도 청중의 공감대 형성에 영향을 줄 수 있다.[65] 이미 탄탄한 사회적 유대감을 쌓아둔 상태라면 남들보다 한발 앞선 셈이다.

프린스턴대학교 심리학자 우리 하슨은 또 다른 연구에서 참가자들에게 영화 클립 네 편을 보여주었다.[66] 내용이 흥미로울수록 참가자들의 뇌가 쉽게 농기화되었다. 네편 영화 클립 중 가장 흥미를 끈 것은 영화 《뜨거운 오후Dog Day Afternoon》에 나오는 긴장감 넘치는 은행 강도 장면이었고, 가장 흥미가 떨어지는 것은 뉴욕의 어느 공원에서 열린 콘서트를 바라보는 사람들을 카메라로 촬영한 장면이었다.

노스웨스턴대학교 켈로그 경영대학원의 샘 바넷Sam Barnett과 모란 서프Moran Cerf는 하슨의 연구를 한 단계 더 발전시켰다. 두 사람은 영화 예고편을 시청하는 소규모 포커스 그룹의 참여도와 뇌 동기화 수준이 미국 전역의 영화표 판매량과 놀라울 정도로 높은 상관관계를 보인다는 사실을 발견했다.[67] 결론은 무엇일까? 예고편에 사용된 단어 수가 적고 사용된 시각 효과가 깔끔할수록 참여도가 올라가고 이후 영화표 판매량도 늘어났다. 한마디로 좀 더 흥미를 끌었다.

이런 연구 결과는 청중의 참여를 유도하고 실질적인 행동을 장려하는 데 도움이 되는 소통에 관한 보편적인 지침을 제공한다. 그렇다면, 흥미를 끈다는 것은 정확히 무슨 의미일까? 단순하다는 것은 무엇일까? 데이터를 행동으로 바꾸려면 어떻게 해야 할까? 신경과학자들은 이런 질문에 새로운 해답을 제시한다.

단순하게 유지하라

언어 소통을 활용해 참여를 극대화할 생각인가? 그렇다면 언어가 복잡해질수록 사람들의 신경이 비슷해질 수 없다는 사실을 기억해야 한다.[68] 다시 말해서 단순하게 유지해야 한다!

바넷과 서프는 어두운 극장에서 이 같은 사실을 발견했다. 뇌 동기화 및 영화표 판매의 측면에서 봤을 때 대사가 가장 적고 화면에 등장하는 인물과 기타 자극 요인이 가장 적은 예고편이 가장 효과적이었다. 《엑스맨: 데이즈 오브 퓨처 패스트 X-Men: Days of Future Past》 예고편처럼 말이다. 《엑스맨》은 동기화 점수가 가장 높았고 연구 참여자 대다수가 기억했으며, 연구에 포함된 모든 영화 중 세계 흥행을 기준으로 가장 뛰어난 성과를 냈다. 《엑스맨》 예고편도 매우 단순했다. 대개 한 화면에 딱 한 명만 등장해 말을 했다. 최악은 《천재강아지 미스터 피바디 Mr. Peabody and Sherman》 예고편이었다. 대여섯 명의 등장인물이 동시에 뛰어다니고 떠들어댔다. 《천재강아지 미스터 피바디》는 동기화 점수가 가장 낮았고 전 세계 흥행 기록은 《엑스맨》의 4분의 1에도 못 미쳤다. 《엑스맨》 시리즈의 높은 인기, 목표 관중(《천재강아지 미스터 피바디》의 목표 관중은 아동)의 차이 같은 요인들이 흥행 성적에 영향을 미친 것도 사실이다. 하지만 연구에서 살펴본 모든 예고편에 위에서 설명한 원칙이 적용되었다. 예고편이 단순할수록 피험자들의 뇌가 더욱 쉽게 동기화되었고 뇌 동기화 수준이 높을수록 영화표 판매량이 늘어났다. 메시지가 단순할수록 이해하기 쉽고, 궁극적으로 기억될 가능성이 높아진다.

단순성

칩 히스Chip Heath와 댄 히스Dan Heath는 저서 『스틱!』(웅진지식하우스, 2022)[69]에서도 비슷한 결론을 내렸다. 두 사람은 아이디어를 이해시키고 기억시키기 위한 6대 원칙을 제시했다. 그 첫 번째가 바로 단순성simplicity이었다. 하지만 두 사람은 '짧고 달콤'하기만 해서는 안 된다고 이야기한다. 히스 형제는 중요한 핵심 메시지, 즉 단순하면서도 심오한 메시지를 전달하는 것이 무엇보다 중요하다고 이야기한다.

다중 감각 언어

또 다른 도구는 다중 감각 언어다. 이 도구를 사용하면 당신의 말을 듣는 사람이 마치 실제로 경험하는 것처럼 상상하고 심지어 직접 느낄 수 있다. 에모리대학교 신경과학자들은 촉각 이미지를 포함하는 은유나 비유를 활용하면 듣는 사람이 실제로 촉각을 감지할 때 활성화되는 뇌 부위가 똑같이 활성화된다는 사실을 확인했다.[70] 스페인 연구진은 냄새와 관련된 단어를 읽으면(라벤더, 계피, 마늘 등을 생각해보자) 뇌의 후각 영역이 활성화된다는 사실도 알아냈다.[71] 이런 유형의 언어를 통해 좀 더 많은 감각 피질을 자극하면 보다 풍부한 방식으로 참여를 유도할 수 있다.

사람들의 행동 유도하기

와튼스쿨 마케팅 교수 조나 버거Jonah Berger는 『컨테이저스: 전략적 입소문』(문학동네, 2013)에서 또 다른 방안을 권고했다. 연구를 통해 경외심, 흥분, 유머 등 고조된 감정을 메시지와 연계하면 좀 더 높은 수준의 참여를 끌어낼 수 있다는 사실이 밝혀졌다. 버거는 "감정은 사람들을 행동하게 만든다. 그러니 통계를 인용하거나 정보를 전달하기보다 감정에 초점을 맞춰야 한다"[72]라고 주장했다. 와튼스쿨이 연구한 식상 내 동기부여와 연결해 생각해보자. 애덤 그랜트Adam Grant 교수는 자신의 업무가 다른 사람에게 긍정적인 영향을 미친다는 사실을 알게 되면 양측의 행복도와 생산성이 모두 높아진다는 사실을 확인했다.[73] 팀이나 조직이 어떻게 변화를 만들어내고 있는지 들려주다 보면 청중의 공감을 쉽게 얻을 수 있다. 에밀리 포크가 자기 초월 과제 연구를 통해 확인했듯이 이런 말하기 방식을 사용하면 청중이 이야기에 좀 더 귀를 기울이고 변화를 모색하기 위해 노력할 가능성이 커진다.

목소리를 내라

럿거스 경영대학원의 알렉스 반 잰트(Alex Van Zant)와 버거는 말하는 방식이 설득력에 미치는 영향도 분석했다.[74] 두 사람이 내린 결론 중 하나는 평소보다 약간 더 크게 말하면 좀 더 자신감이 있는 것처럼 보이고 결국 설득력이 높아진다는 것이다. 물론 이 방법은 물리적으로 같은 공간에 있을 때만 효과를 발휘한다. 이는 곧 이메일로 소통하는 것보다는 직접 대면했을 때 설득력 높다는 연구 결과와도 관련이 있다.

버거는 "목소리를 들으면 상대를 좀 더 인간적으로 받아들인다는 연구 결과가 있다. 상대의 목소리를 들으면 마음을 더 쉽게 열 수 있고, 상대를 실제 사람으로 받아들이게 된다. 연구를 통해 목소리를 사용하면 설득력이 높아진다는 사실도 확인했다"[75]라고 말했다.

현재에 대해 이야기하기

비전을 제시하는 수백 명의 리더를 언어적인 관점으로 분석한 연구가 있다. 이 연구 결과를 보면 어떤 방식으로 메시지를 전달하는 것이 좋은지 알 수 있다.[76] 먼저 앞서 설명했듯이, 감각을 자극하는 어휘를 활용해 단순한 메시지를 작성해야 한다. 게다가 미래보다는 현재에 관해 이야기하고, 이인칭 대명사를 활용해 청중과 직접 소통하는 방법이 매우 효과적이다. 비전을 제시하는 리더들의 의사소통 비법을 연구하고 관련 데이터를 수집하는 퀀티파이드 커뮤니케이션즈Quantified Communications 공동 창업자 노아 잰댄Noah Zandan은 한 가지 예를 제시했다. "일론 머스크Elon Musk가 테슬라Tesla에 관해 이야기하는 모습을 생각해보자. 머스크는 항상 테슬라를 운전하면 어떨지, 테슬라를 쳐다보면 어떨지, 문이 어떻게 작동하는지 이야기한다. 에너지나 운송의 미래에 관한 이야기는 그다지 많이 하지 않는다. 이론으로만 존재하던 자동차를 현실 세계로 가져와 구체화한다" 또 사람들은 미래에 대해 너무 자주 이야기하는 사람을 믿기 어려워하고, 신뢰를 얻으려면 현재 일어나고 있는 일을 다뤄야 한다고 설명한다.

실제로 결과를 만들어내는 피드백 제공하기

기본적으로 인간은(그리고 다른 많은 유기체 역시) 생존을 위해 피드백에 의존한다. 우리는 주변 단서를 통해("포식자가 근처에 있는 것 같아", "저쪽에 좀 더 나은 먹이가 있을 거야") 행동을 더 나은 방향으로 조정하고 수정하는 법을 배운다. 직장에서 받는 피드백은 발전과 성취의 중요한 부분을 차지한다. 발전해나가려면 어떤 기술과 지식이 필요한지, 그런 것들을 습득하려면 어떻게 해야 하는지 배우면서 업무 성과를 향상시킬 수 있다.

링크드인Linkedln이 발표한 2018년 인력 학습 보고서Workforce Learning Report[77]를 비롯한 다수의 연구에 따르면, 대다수 직원은 직장 생활을 통해 경력 개발 기회를 얻고 싶어 한다(링크드인은 이런 직원의 비율이 93%에 달한다고 발표했다). 하지만 직원들의 기대에 부응하는 관리자는 그렇게 많지 않다. 와튼스쿨 경영학 교수 피터 카펠리Peter Cappelli는 심지어 경력 개발 기회를 제공하는 관리자들도 그 방법을 잘 알지 못한다고 말한다.[78]

연례 성과 검토, 핵심 성과 지표, 360도 피드백 평가는 수십

년 동안 많은 비난을 받았다. 다른 두 접근 방법, 즉 샌드위치 (혹은 햄버거) 모델과 '시작, 중지, 계속' 모델(직원에게 새로운 행동을 시작하고, 기존 행동을 멈추고, 세 번째 행동을 지속하도록 권장하는 모델) 역시 틀렸다는 사실이 드러났다.[79] 하지만 많은 기업은 여전히 이런 모델을 활용한다. 이런 접근 방법을 극단적으로 활용하는 기업도 있다. 『월스트리트저널』The Wall Street Journal은 '넷플릭스 웨이Netflix way'의 '급진적인 솔직함radical candor'을 설명했다. 넷플릭스의 전·현직 직원들은 넷플릭스 웨이가 "무자비하고 사기를 떨어뜨리며 오히려 성과에 역효과가 날 정도로 투명하다"라고 지적했다.[80]

피드백 요청을 장려하라

어떻게 하면 관리자가 사기를 꺾거나 조직 문화를 저해하지 않으면서 성과를 개선하는 방향으로 피드백을 전달할 수 있을까? 먼저 사회적 뇌 연결망에 관한 이야기로 다시 돌아가 상대방과 소통하는 법을 살펴보자. 뇌를 동기화시키려면 눈 맞춤과 미러링(2장과 3장 참조)이 중요하다. 다시 말해, 직원들이 이야기를 제대로 들을 수 있도록 프라이밍 효과를 활용해야 한다. 그런 다음에는 어떤 말을 언제, 어떻게 할지 신중하게 고민해야 한다.

뉴욕대학교 뉴로리더십 연구소NeuroLeadership Institute의 테사 웨스트Tessa West와 캐서린 소르손Katherine Thorson은 자발적으로 피드백을 주고받는 사람들의 심박수를 측정했다.[81] 모의 협상을 진행한 후 전체 참가자 중 절반에게는 자발적으로 피드백을 주도록 하고 나머지 절반에게는 피드백을 직접 요청하도록 했다. 어쩌면 당연한 일이겠지만, 피드백 시간에는 피드백을 주는 사람과 받는 사람 모두 불안도가 높아졌다(물론 받는 사람의 심장수가 더 많이 올라갔다). 이는 사람들이 피드백을 듣기 싫어하는 것만큼 주는 것도 싫어한다는 것을 나타낸다.

이후 연구를 통해 훨씬 더 흥미로운 사실을 발견했다. 연구진은 각 그룹에게 피드백을 주고받는 동안 기분이 어땠는지 물었다. 참가자들은 피드백을 요청하는 것 자체를 불편하게 느꼈다. 하지만 신기하게도 피드백을 요청하는 과정에서 피드백을 듣고 받아들일 준비를 했다. '위협 대응threat response' 반응도 줄어들었다. 실제로 무언가를 요청하고 허락하는 과정은 양측 모두를 부정적인 소식을 받아들일 수 있는 심리 상태로 만드는 데 매우 중요한 역할을 한다. 이런 과정이 없으면 인간의 뇌는 성장에 도움이 되지 않는 상태로 되돌아갈 수밖에 없다.[82]

따라서 직속 부하에게 갑작스레 피드백을 주기보다 피드백을 요청하도록 유도하는 방법이 훨씬 효과적이다. "좋은데?" 같이 대체로 긍정적인 반응을 확인하면 직원들이 좀 더 구체적인 피드백을 요구할 수도 있다. 예를 들면 상대가 "어떤 면에서요?"라거나 "구체적으로 제가 뭘 잘했다고 생각하세요?" 같은 질문을 할 수도 있다.

부정적인 피드백은 구체적으로 하라

구글의 산소 프로젝트와 최종 결과물인 성공적인 관리자의 여덟 가지 습관을 기억하는가? 첫 번째 습관은 좋은 코치가 되는 것이다. 이는 곧 정기적으로 일대일 대화를 진행하고, 각 직원의 강점을 반영한 문제 해결책을 제시해야 한다는 뜻이다.[83] 또한, 부정적인 피드백과 긍정적인 피드백의 균형을 맞춰 구체적이고 건설적인 피드백을 제공해야 한다는 뜻이기도 하다. 강점을 근거로 하는 긍정적인 피드백이 중요하다면, 부정적인 피드백은 언제, 어떻게 전달해야 할까?

부정적인 피드백은 실제로 필요할 때조차 무시되거나 일축되는 경우가 많다. 투쟁-도피 반응을 촉발하는 교감신경계를 자극하기 때문이다. 이런 생존 메커니즘은 실질적인 위협이나 실제로 존재하지는 않지만 존재하는 것처럼 느껴지는 위협에 대응하는 데 도움이 된다. 교감신경계가 활성화되면 아드레날린이라고도 알려진 에피네프린이 혈액에 흡수되어 에너지가 폭발적으로 증가하고 그 결과 심장 박동과 호흡이 빨라진다. 이런 상태에 놓인 사람은 무언가를 배우지 못한다.

따라서 부정적인 피드백을 줄 때는 투쟁-도피 반응을 줄이거나 없애도록 노력해야 한다. 그렇다면 사전에 대화 일정을 잡는 이메일을 보내야 할까? 해결해야 할 중요한 '이슈'가 있다는 내용은 언급하지는 않는 것이 좋다. 하루나 이틀 전에 막연한 위협처럼 들리는 말을 한다면 메시지를 제대로 전할 수 없을 것이다. 또 웬만하면 직접 만나서 눈을 보고 이야기하는 것이 좋다. 서로 눈을 맞추면 대화 내용을 좀 더 잘 기억하고 사람들의 자기 인식 수준을 높일 수 있다.[84]

당신이 평가받는 자리를 먼저 마련하는 것도 도움이 된다. 가령, 당신의 전반적인 업무 태도와 부하 직원의 역량 개발 및 업무 수행을 지지하는 정도를 직원이 직접 평가하도록 회의를 먼저 진행해볼 수 있다. 이때 비판적이지 않은 태도로 직원의 평가에 귀 기울이고 충분한 시간을 들여 응답해야 한다. 피드백을 주는 상대가 사용한 단어를 따라 하는 미러링 기법을 활용하는 것도 좋다.("자네가 한 이야기를 내가 제대로 이해했는지 한번 얘기해볼게.")

두 번째 회의 때는 직원에게 부정적인 피드백을 제공할 가능성이 크다. 그렇다면 첫 회의 때 직원이 했던 말들을 활용해보자. 직원이 바람직한 방향으로 성장하고 변화하는 데 어떤 도움이 필요하느냐고 물어보자. 만약 특정 부분의 취약함이 문제가 되는 것이라면 구체적으로 어떤 방법이 개선에 도움이 될지 물어보자.

부정적인 메시지에 대처하는 방법

지금까지 긍정적인 메시지와 중립적인 메시지를 활용해 참여를 유도하는 방법을 설명했다. 만약 나쁜 소식을 전하거나 받아야 할 때는 어떻게 해야 할까? 중요한 것은 테슬라 자율 주행 시스템이 차량을 시멘트 벽으로 몰고 가 소유주 월터 황Walter Huang이 사망한 사건 이후 머스크가 그랬던 것처럼 통계를 언급하거나 피해자를 비난해서는 안 된다.[85]

첫째, 외면하지 말라

컬럼비아대학교 연구진은 부정적인 감정은 아무리 억눌러도 잘 사라지지 않는다는 사실을 밝혀냈다.[86] 자신이 마치 아무 문제 없는 것처럼 행동하고 있다고 생각할 때조차 감정 중추인 변연계는 전혀 억제되지 않았을 때와 마찬가지로 활발하게 반응했다. 심지어 억제하려고 애쓸수록 변연계가 더 큰 자극을 받기도 했다. 뉴욕 주지사 앤드루 쿠오모Andrew Cuomo는 코로나19 팬데믹 당시 이런 접근 방법을 활용해 일일 브리핑을 효과적으로 진행했다. 당시 쿠오모 주지사는 감정을 솔직하고 진실하게 드러낸다고 많은 찬사를 받았다.

둘째, 감정에 이름표를 붙여라

UCLA 연구 팀은 「감정을 말로 표현하기Putting Feelings into Words」[87]라는 제목의 연구를 진행했다. 연구를 통해 감정이 얼굴에 드러나 있는 사람들의 사진을 보면 편도체가 활성화된다는 사실이 밝혀졌다. 하지만 감정에 이름을 붙여보라고 하면 복측부 전전두엽 피질이 활성화되고 감정적인 편도체 반응이 약화되었다. 다시 한번 이야기하지만, 쿠오모는 코로나19 바이러스에 관해 공개적으로 이야기함으로써 유권자들의 본능적인 공포를 누그러뜨렸다. 앙겔라 메르켈^{Angela Merkel} 독일 총리 역시 코로나19 바이러스 확산을 늦추기 위해 사회적 거리두기 조치를 취해야 하는 이유를 독일 국민들에게 납득시킬 때 이 전략을 활용했다.

• 리더의 뇌파 •
꼭 기억해야 할 점

1 스토리텔링을 활용해야 한다. 스토리텔링은 상대가 아이디어를 받아들이게 만드는 데 도움이 될 뿐 아니라 프라이밍 효과를 활용하는 데도 효과적이다. 사람들의 뇌가 그 아이디어를 좀 더 잘 받아들일 수 있도록 미리 준비시킬 수 있다.

2 목소리를 조절하고, 현재에 집중하고, 청중을 직접 언급해 자신감 있는 사람이라는 인상을 주면서 아이디어에 대한 신뢰도를 높이자.

3 까다로운 메시지를 전달해야 할 때는 청중의 기본적인 저항감을 누그러뜨리는 것이 중요하다. 따라서 자기 자신을 뛰어넘어 팀, 공동체, 국가 등 좀 더 큰 무언가를 생각하도록 유도해야 한다. 이런 전략을 택하면 상대가 당신이 전하는 메시지에 정말로 '귀를 기울이고' 그 일을 해내기 위해 실제로 노력할 가능성이 크다.

4 쌍방향 피드백을 활용해야 한다. 팀원들에게 먼저 당신에 대한 평가를 요구하자. 그런 다음 그들에 대한 평가를 요구하도록 유도하자. 모호하게 말해서는 안 된다. 무엇을 개선해야 할지 구체적으로 설명하고 명확한 방안을 제시해야 한다.

제 4 장

뇌의 혁신 엔진을 활용하라

Harnessing the Brain's "Innovation Engine"

창의적인 생각을 이끌어내는 법

창의력과 회복력, 에너지 수준, 멀티태스킹 능력, 위험 감수 능력, 위험 관리 능력을 향상시키는 약이 있다면 먹겠는가? 만약 이 약의 부작용이 미루기, 체계적이지 못함, 건망증, 집중력 부족, 산만함이라면 어떻게 하겠는가? 그래도 먹겠는가? 보통 ADHD라고 알려진 주의력 결핍 과잉 행동 장애를 앓는 환자들에게는 두 가지 선택권이 있다. 이런 특징을 모두 껴안은 채 문제를 관리하면서 사는 방법을 배우거나 약물 치료를 받아들이는 것이다.

저명한 기업가 중에는 ADHD로 인한 고도의 집중력과 창의력 덕분에 성공했다고 이야기하는 사람이 많다. 미국의 저가 항공사 제트블루JetBlue 설립자 데이비드 닐리먼David Neeleman,

장애물을 넘는 익스트림 경기 스파르탄 레이스를 운영하는 스파르탄Spartan CEO 조드세나Joe De Sena 등이 대표적이다.[88] 마이크로소프트Microsoft 공동 설립자 빌 게이츠Bill Gates, 버진 그룹Virgin Group 설립자 리처드 브랜슨Richard Branson, 이케아IKEA 설립자 잉바르 캄프라드Ingvar Kamprad, 시스코 시스템즈Cisco Systems CEO 존 T. 챔버스John T. Chambers, 찰스 슈왑Charles Schwab 등 유명한 경영자들이 ADHD 진단을 받았다는 사실을 공개한 바 있다.

이런 기업 리더 중 상당수는 자신의 큰 특징인 창의성을 포용하는 기업 문화를 만들었다. 이런 기업은 브랜드 인지도가 높고 혁신적일 뿐 아니라[89] 실제 근무 환경도 밝다. 어도비Adobe와 포레스터 컨설팅Forrester Consulting이 진행한 연구 결과를 보더라도 창의성은 성장과 시장 점유율에 영향을 미친다. 창의적인 기업의 수익 성장률은 그렇지 않은 기업의 수익 성장률을 크게 웃돌며 시장 점유율, 시장 선도 기업으로서의 입지라는 측면에서도 경쟁 업체를 뛰어넘는다.[90]

기업이 성공하려면 창의력이 필수지만, 실제 창의력을 갖춘 기업은 많지 않다. 어도비 연구에 참여한 기업의 61%가 창의력이 부족하다고 답했다(어도비 연구는 '창의력이란 어떤 분야에서든 새롭고 유용한 아이디어를 만들어내는 것'이라는 하버드대학교 교수 테레사 아마빌레^{Teresa Amabile}의 말을 인용한다).

좋은 소식이 하나 있다. 신경과학자들이 오랜 연구 끝에 인간의 뇌 중 어느 부분에서 창의력이 나오는지, 그곳에 접근하려면 어떻게 해야 하는지 드디어 찾아냈다. 물론 애초에 다른 사람들보다 뛰어난 창의력을 타고난 사람도 있다. 하지만 이제부터는 누구나 창의력을 높여 혁신 잠재력을 최대한으로 끌어올릴 수 있게 되었다.

좌뇌·우뇌 이론은 허상이다

창의력과 뇌를 생각하면 좌뇌·우뇌 이론이 가장 먼저 떠오를 것이다. 이 이론에 의하면 '우뇌형' 인간은 확산적 사고^{divergent thinking}를 가능케 하는 오른쪽 뇌의 영향을 많이 받는다. 반면 왼쪽 뇌가 더 큰 영향력을 발휘하는 '좌뇌형' 사람들은 논리적이고 분석적이다.

제프 앤더슨^{Jeff Anderson} 신경방사선학 교수가 이끄는 유타대학교 연구진을 비롯한 여러 연구진이 좌뇌·우뇌 이론은 신화에 불과하다는 사실을 입증했다.[91] 하지만 여전히 이런 주장을 맹신하는 사람이 많다. 최근에는 탐색, 확산적 사고, 창의력을 뒷받침하는 '혁신 회로innovative circuit'가 실제로 존재한다는 연구 결과가 공개되었다.[92] 이 회로는 좌뇌와 우뇌에 모두 존재한다.

두뇌 혁신 엔진의 핵심은 기본 모드 신경망이다. 여러 과제를 수행하던 중 휴식을 취하는 사람들의 뇌를 촬영하다가 발견했기 때문에 이런 이름이 붙었다.[93] 약 20년 전 신경학자들은 과제를 수행할 때의 뇌와 휴식을 취할 때의 뇌가 어떻게 다른지 분석하기 위해 데이터를 수집했다. 연구진은 휴식을 취할 때 뇌 영역의 특정 부분이 활성화된다는 사실을 확인했다. 휴식을 취하거나 생각이 자연스럽게 흘러가도록 내버려두면 이 영역이 한층 강력하게 활성화된다. 하지만 단순한 일상 업무를 다시 수행하기 시작하면 기본 모드 신경망이 차단된다. 실제로 낮 동안 잡생각을 많이 하는 사람은 그렇지 않은 사람들보다 기본 모드 신경망의 기초적인 활동 수준이 높다. 기본 모드 신경망은 새로운 아이디어를 만들어내고 미래를 상상하는 등 탐색 활동에서도 중요한 역할을 하는 것으로 보인다.

집중력과 일상적인 과제 수행을 돕는 반대 회로, '전두 두정엽 신경망frontoparietal attention network'도 있다. 이름만 들으면 어렵게 느껴질 수도 있지만 뇌의 앞부분과 측면에 위치했다는 의미다. 전두 두정엽 신경망은 한 가지 과제에 집중할 때 활성화된다. 특히 계산을 하거나 지시에 따라 버튼을 누르는 등 반복적인 작업을 할 때 크게 활성화된다.

이 회로들의 흥미로운 점은 하나가 활성화되면 다른 하나는 비활성화된다는 것이다. 엑셀 스프레드시트에 데이터를 입력하거나 이메일을 작성하는 것처럼 일상적인 일을 할 때는 신제품 혁신 같은 아이디어를 떠올리기 힘들다는 뜻이다.

곧 알게 되겠지만 탐색은 거의 모든 동물에게 중요하다. 사실 원숭이는 인간과 동일한 탐색 신경망과 집중 신경망을 갖고 있다. 우리는 연구를 통해 원숭이들이 새로운 것을 시도하거나 습관적인 행동에서 벗어나는 선택을 하기 수십 초 전에 혁신 엔진 속에 있는 뉴런이 활성화된다는 사실을 발견했다.[94] 더 눈여겨볼 점은 이런 뉴런을 전기적으로 자극할 때마다 원숭이들이 새로운 무언가를 적극적으로 시도했다는 것이다.[95] 이 뉴런을 차단하면 원숭이들은 기존의 방식에서 벗어나지 못하기 때문에 새로운 패턴을 배울 수 없다.[96] 이는 사실은 뇌의 혁신 신경망이 실제로 탐색과 확산적 사고를 유도한다는 주장의 중요한 증거가 된다.

창의력 테스트

당신의 혁신 신경망이 얼마나 강한지, 지금부터 간단한 테스트를 해보자. 먼저 종이와 펜을 준비하고 타이머를 90초로 설정하자. 준비되었는가? 그럼 이제 벽돌을 다른 용도로 활용할 방법을 가능한 한 많이 적어보자. 기발할수록 좋다.

내 수업을 들었던 경영자와 MBA 학생들은 10개 이상의 용도를 떠올렸다. 어떤가? 당신은 무기, 새 모이 통, 냄비 받침으로 활용하는 방법 등을 떠올렸는가? 1967년, J.P. 길포드J.P. Guilford는 확산적 사고 능력, 혹은 길포드가 '자발적 유연성spontaneous flexibility'이라고 부르는 것을 평가할 목적으로 대체 용도 테스트를 고안했다.[97]

대체 용도 테스트는 흥미롭다. 신경과학의 관점에서 보면 이 테스트는 단순히 기발한 아이디어를 만들어내는 것 이상의 역할을 한다. 혁신 회로와 집중·단순 업무 회로를 기억하는가? 대체 용도를 생각하면 뇌의 혁신 회로가 활성화되고 과제 회로는 억제된다. 창의력과 혁신을 위해서는 뇌 회로의 작동 원리를 이해하는 것이 중요하며, 혁신 회로를 자극할 방법을 알아내는 것이 특히 중요하다.

남을 것인가, 떠날 것인가?

우리의 뇌는 이미 대체 용도를 생각해내는 능력, 새로운 기회와 아이디어를 탐색하는 능력, 새로운 기술을 활용하는 능력을 갖추고 있다. 인간의 뇌만 그런 것이 아니다. 쥐, 곤충, 무척추동물도 모두 이런 능력을 갖추고 있다. 이와 같은 기본적인 능력은 먹이를 찾는 행위와 관련 있을 뿐 아니라 펑크록 밴드 클래시Clash가 던진 "남을 것인가, 떠날 것인가?"라는 유명한 질문의 핵심이 되는 선택과도 관련이 있다.

　이런 상황을 이해하는 데 도움이 되는 한 가지 방법이 있다. 어떤 동물이 한 장소에서 먹이를 찾을 때, 그곳에 머무르는 데는 비용이 따른다. 위험이 있을 수도 있고, 더 많은 먹이나 더 나은 먹이를 얻을 기회를 놓치기 때문이다. 같은 연못에서 낚시를 계속 할지 다른 곳으로 옮길지, 같은 회사 내에서 새로운 역할을 맡을지 더 나은 이직처를 찾을지 결정할 때도 우리 뇌에서 같은 일이 벌어진다.[98] 모든 결정은 결국 기회비용에 관한 것으로, 이미 알고 있는 것을 고수할지 새로운 것을 탐색할지 둘 중 하나를 선택해야 한다. 모든 동물은 이런 결정을 내려야 하며 상당수는 인간과 같은 뇌 회로를 활용한다. 완전히 다른 종류의 뇌에서도 비슷한 현상이 나타난다.

　우리의 뇌가 왜 이런 선택을 하는지 이해하려면 생태학자 에릭 차르노프Eric Charnov의 최적 포식 한계 가치 정리Marginal Value Theorem of Optimal Foraging를 살펴봐야 한다.[99] 차르노프는 한 장소를 떠나 다른 장소로 떠나는 결정 뒤에 어떤 요인이 있는지 수학적으로 설명하려고 했다. 차르노프는 미시건대학교 박사 과정 학생이었을 때 이 이론을 개발했다. 현재 차르노프의 '최적 포식 한계 가치 정리'는 이론생물학 분야에서 가장 많이 인용되는 논문 중 하나가 되었다. 차르노프의 이론은 두 가지 극단, 즉 자원이 줄어드는 장소에서 너무 많은 시간을 보내는 방법과 새로운 장소를 찾는 데 너무 많은 시간을 소비하는 방법 사이에서 최적의 결정을 찾아낸다.

차르노프의 모델에서는 환경의 풍요로움이 결정적인 변수로 작용한다. 예를 들어 생계를 위해 사과를 딴다고 상상해보자. 반경 수 킬로미터 내에 사과나무가 딱 한 그루밖에 없다면 그곳에 남아 가장 가까운 나무에 열린 모든 사과를 따야 한다. 하지만 사과나무로 가득한 과수원에 있다면 나무를 옮겨 다니며 가장 쉽게 손이 닿는 곳에서부터 사과를 따야 한다. 실험실과 야생 환경에서 수백 종의 동물을 관찰해본 결과 모든 동물은 한계 가치 정리 이론에 따라 먹이를 찾았다. 북극에서 바다표범을 사냥하든 대형 마트에서 장을 보든 인터넷에서 물건을 사든 사람도 마찬가지다.

창의력의 근원

이 모든 것이 창의력과 무슨 관련이 있을까? 먼저 포식 활동은 탐색과 혁신의 근원이다. 우리의 뇌에는 포식 회로가 있다(우리 연구실은 이를 처음으로 발견한 곳 중 하나다).[100] 어느 연구자가 빈둥거리는 연구 참가자들의 뇌 데이터를 수집하다가 뇌의 '혁신 회로'를 발견했던 일을 기억하는가? 이 회로는 포식 회로와 겹치며, 두 가지 주요 영역으로 이루어져 있다.

- 전대상피질anterior cingulate cortex은 다른 땅(혹은 마트 내의 다른 통로, 다른 웹사이트, 다른 일자리)으로 이동할 가치가 있는지 판단하는 데 도움이 된다. 이동 직전에 활동량이 최고조에 달한다.
- 후대상피질posterior cingulate cortex은 뇌의 혁신 엔진 역할을 하며 주변 환경이 풍부한지 빈약한지 장기간에 걸쳐 좀 더 전략적으로 계산한다. 후대상피질이 활성화되면 탐색과 확산적 사고가 활발해진다.

전대상피질과 후대상피질은 밀접하게 연결되어 있으며 탐색 상태와 집중 상태를 조절하는 데 영향을 미친다. 조절하는 것과 관련 있다.

신경과학자들도 회충의 일종인 예쁜꼬마선충을 활용해 포식유전학을 연구했다.[101] 예쁜꼬마선충은 이 연구에 활용하기에 완벽한 대상이다. 몸이 투명하고 뉴런이 302개뿐인 데다 과학자들은 각 뉴런이 어떤 역할을 하는지 잘 알고 있기 때문이다. 예쁜꼬마선충은 페트리 접시 안에서도 잘 살고 주변 박테리아를 먹어치우기 때문에 실험실에서 관리하기도 쉽다. 다시 말해서, 실험실에서 살펴본 예쁜꼬마선충은 한곳에 모여 살며 가장 가까운 곳에 있는 자원을 활용하는 경향이 있다.

약 9년 전, 과학자들은 하와이에서 예쁜꼬마선충과 반대로 행동하는 다른 회충을 발견했다. 이 회충은 스티브 잡스Steve Jobs같이 능숙한 탐험가였다. 새로운 회충의 신경계에는 언제든지 가뿐히 탐험을 떠나는 성질의 유전자가 있었다.[102] 전형적인 실험실 회충과 하와이에서 발견된 해충 간의 행동 차이는 중요한 화학물질 수용체와 관련 있다. 그중 하나는 습관 형성 및 강화 학습과 관련된 도파민이고 두 번째는 습관 변화를 뒷받침하고 변화된 상태를 유지하는 데 중요한 역할을 하는 노르에피네프린이다. 도파민과 노르에피네프린은 탐색과 활용 사이에서의 취사선택과 관련 있다.

인간의 경우 카메라로 눈을 비춰 비침습적인 방식으로 두 화학물질의 수치를 측정하면 탐색과 활용의 측면에서 어떤 단계에 놓여 있는지 확인할 수 있다. 동공의 크기는 노르에피네프린 수치와 동적으로 연결되어 있다. 동공이 커지는 것은 곧 노르에피네프린 수치가 높다는 것이고, 이는 탐색할 준비가 잘 되어 있다는 뜻이다.[103] 따라서 동공의 크기는 현재 얼마나 창의적인 상태인지를 알려주는 생물 지표로 활용될 수 있다. 평균적인 동공의 크기는 다른 사람에 비해 얼마나 창의적인 사람인지를 알려준다.

최근에는 눈을 깜빡이는 속도와 도파민 수치가 연결되어 있다는 연구 결과가 발표되었다.[104] 자연스럽게 눈을 깜빡이는 횟수가 많다는 것은 뇌에서 분비되는 도파민의 양이 많다는 뜻이다. 안타깝게도 반대의 경우는 성립하지 않는다. 의식적으로 눈을 빠르게 깜빡인다고 해서 도파민이 더 많이 분비되지도 않는다.

창의력에 불을 지피는 방법

앞서 언급했듯이 사람은 누구나 하와이에서 발견된 회충처럼 탐색하는 능력을 타고난다. 이런 능력은 비교적 쉽게 강화할 수 있다. 하지만 이를 위해서는 먼저 기준치를 평가해야 한다. 연구진은 대체 용도 테스트 같은 평가를 활용하는 데서 그치지 않고 애너그램Anagram(몇 개의 알파벳 타일을 무작위로 골라 가능한 한 많은 단어를 조합하는 단순한 게임)도 활용했다. 손에 쥔 알파벳 타일로는 더 이상 새로운 단어를 만들 수 없다고 판단되면 (먹이를 찾는 동물이 특정한 장소에서는 더 이상 가치 있는 무언가를 얻을 수 없다고 판단하듯이) 남은 타일을 무작위로 선택한 새 타일로 바꿀 수 있다. "남을 것인가, 떠날 것인가?"를 단어 게임으로 바꿔놓은 것이다.

일반적으로 새로운 타일을 찾는 시점은 사람에 따라 다르다. 하지만 과학자들은 그 시점을 결정하는 기준선을 얼마든지 조작할 수 있다고 밝혔다. 어느 연구진이 참가자들에게 애너그램 게임을 시키기 전에 먼저 마우스를 클릭해 자원을 모으는 온라인 게임을 시켰다.[105] 첫 번째 그룹의 참가자들은 자원이 한데 뭉쳐 있는 모습을 발견했다. 그들은 커서를 멀리 움직이지 않고도 얼마든지 자원을 모을 수 있었다. 두 번째 그룹의 참가자들은 자원이 사방으로 흩어져 있는 모습을 확인했다. 자원을 수집하려면 좀 더 폭넓은 탐색이 필요했다. 게임을 마치고 두 그룹 모두 애너그램으로 넘어갔다. 이월 효과(이전의 실험이 다음 실험에 영향을 미치는 효과)는 놀라웠다. 첫 번째 그룹의 참가자들은 두 번째 그룹 참가자들보다 손에 쥔 알파벳 타일을 포기하기까지 훨씬 오래 걸렸다. 다시 말해서, 탐색에 나서기보다 보유한 자원을 활용하려 했다. 온라인 자원 채집 게임을 할 때 자원이 어떻게 분포되어 있었는가에 따라 참가자의 뇌 상태가 달라졌던 것이다. 적어도 단기적으로는 효과가 확실했다.

혁신 다이얼을 돌려라

뇌를 창의력 발휘에 최적화된 상태로 만들기 위해 반드시 이런 게임을 할 필요는 없다. 대신 탐색 신경망을 활성화하는 몇 가지 방법이 있다. 앞서 설명한 내용을 다시 떠올려보자. 뇌는 혁신 회로와 탐색 회로에 동시에 접근할 수 없다. 창의력을 높이기 위해 가장 먼저 해야 할 일은 분석적인 생각을 내려놓아야 한다는 말이다. 이메일 답장, 스프레드시트 작업, 급여 및 출퇴근 기록 관리 같은 일상적인 업무에서 벗어나야 혁신 회로를 활성화할 기회를 얻을 수 있다.

걷기

걷기는 분석적인 생각을 내려놓는 데 도움이 된다. 링크드인 CEO 제프 와이너Jeff Weiner는 아리스토텔레스, 프로이트, 트루먼, 다윈, 베토벤처럼 하루 일과에 걷기를 포함시킬 것을 권장한다.[106] 스탠퍼드대학교 연구진의 실험 결과에 따르면 걷고 나면 가만히 앉아서 일할 때보다 창의력이 평균 60% 높아진다.[107] 실내 걷기 역시 야외 산책 못지않게 효과적이고 5~16분만 걸어도 효과가 나타난다는 사실이 밝혀졌다.

걷기가 분석적인 작업에서 한 걸음 물러나는 유일한 방법은 아니다. 뇌는 특정한 문제를 해결하기 위해 애쓰지 않을 때 가장 뛰어난 수준의 창의력을 발휘하기 때문에 사람들은 '머리를 쓸 필요가 없는' 업무를 수행할 때 새로운 아이디어를 잘 떠올리곤 한다. 문제 해결을 위한 새로운 접근 방법이 필요할 때는 잠깐 상황을 명확하게 정의하는 데 집중하고, 문제 자체는 잠깐 제쳐둬야 한다. 새로운 아이디어의 원천이 되는 잠재의식은 당신이 운전, 빨래 개기, 심지어 밤새 잠을 자는 동안에도 계속 상황을 정의하는 데 힘쓸 것이다. 이런 형태의 '창의적인 미루기' 시간이 흐르고 나면 새로운 해결책이 자연스럽게 의식 위로 떠오를 것이다.[108]

걷기 운동

꼭 내가 아니더라도(혹은 다윈이나 베토벤이 아니더라도) 걷기의 효과를 강조하는 사람은 많다. 걷기가 창의력에 어떤 영향을 미치는지는 또 다른 대체 용도 테스트(www.creativehuddle.co.uk)를 통해서도 확인할 수 있다. 먼저 일반적인 테스트를 하자. 그런 다음 10분 동안 산책한 후 다른 테스트를 진행하자. 두 번째 테스트의 성과가 개선된 것을 알 수 있을 것이다.

사교 활동

사교 활동 역시 뇌의 탐색 시스템 활동을 촉진한다. 직원들의 창의력 증진을 돕기 위해 사교 활동을 장려하는 기업이 많아졌다. 세계적인 디자인 컨설팅 그룹 아이디오IDEO는 음식을 함께 먹으며 사교 활동을 하도록 장려한다(금요일에는 수프를 먹고 화요일에는 차와 쿠키를 먹는다). 영국 항공사 버진 애틀랜틱Virgin Atlantic은 스포츠 활동을 비롯한 다양한 행사를 권장한다. 런던의 PR 전문 기업 PHA 미디어PHA Media는 직원들에게 결정권을 준다. 직원들이 페인트볼(페인트가 들어 있는 탄환을 쏘는 형식의 서바이벌 게임−옮긴이)을 즐기거나 영화를 보는 등 원하는 활동을 함께 즐길 수 있도록 분기별로 예산을 할당한다.[109] 이런 활동을 개인적으로도 활용할 수도 있다. 예를 들어, 휴식이 절실할 때 동료와 함께 어울리는 방법도 좋다.

스트레스 해소

스트레스는 탐색과 창의력 시스템을 방해한다. 스트레스를 줄이는 데 효과적이라고 알려진 명상 같은 수련 활동이 창의력을 높이는 데 매우 중요하다고 이야기하는 비즈니스 리더들이 점점 늘어나는 추세다. 고객관계관리CRM 소프트웨어 기업 세일즈포스Salesforce CEO 마크 베니오프Marc Benioff는 명상은 현실에서 한 걸음 물러나 마음을 비우고 새로운 아이디어를 생각해내는 데 도움이 된다고 이야기한다. 베니오프는 이런 상태를 '초심자의 마음'이라고 부른다.[110] 기술 기업을 설립한 적 있는 찰리 클라이스너Charly Kleissner는 다른 투자자들과 함께

100% 임팩트 네트워크를 설립할 수 있었던 것은 모두 명상 덕분이라고 이야기한다.[111] 클라이스너를 비롯한 여러 투자자는 자산의 100%를 사회와 환경에 바람직한 영향을 미치는 방향으로 투자하겠다는 다짐을 담아 100% 임팩트 네트워크를 설립했다.

팀 창의력 키우기

지금까지 사람은 누구나 특정한 수준에 맞춰진 혁신·탐색 회로를 타고나며 간단한 훈련을 통해 회로를 강화할 수 있다는 사실을 배웠다. 또한 기업이 성공하려면 혁신적으로 생각할 줄 아는 사람이 필요하지만 이런 인재는 늘 부족하다는 사실도 확인했다. 그렇다면, 여기에서 한 걸음 더 나아갈 수 있을까? 연구 결과에 따르면, 충분히 나아갈 수 있다.[112]

조직들은 디자인 사고 워크숍에서부터 혁신 토너먼트에 이르기까지 창의력 육성에 도움이 되는 프로그램에 상당한 투자를 한다. 듀폰 창의력 혁신 센터DuPont Center for Creativity and Innovation

소장을 지낸 데이비드 태너David Tanner는 듀폰이 수평적 사고에 기반을 둔 창의력 도구를 활용해 비용 절감을 위한 독창적인 아이디어를 수집했다고 설명한다. 이런 노력 덕분에 10년간 5백만 달러 이상을 절감할 수 있었다.[113]

호주의 소프트웨어 기업 아틀라시안Atlassian은 경제적 보상이 반드시 창의력을 높이거나 창의적인 문화를 만드는 데 도움이 되는 것은 아니라는 깨달음을 토대로 1년에 총 네 번의 '쉽잇Shiplt' 데이를 열기 시작했다. 직원들은 기존 업무를 내려놓고 24시간 동안 각자 선택한 창의적인 프로젝트를 진행한다. 쉽잇 데이를 진행한 이후 제품의 결함이 수정되기도 했고, 아틀라시안 블로그와 웹사이트에 올라갈 콘텐츠를 제작하는 DIY 비디오 스튜디오가 만들어졌다. 아틀라시안의 제품을 알리는 미니 아케이드도 생겨났고, 직원들의 행복도와 참여도가 높아졌다.[114] 구글을 비롯한 수십 개의 기업이 비슷한 방법을 활용하고 있다.

창의력 훈련은 이미 뛰어난 창의력을 가진 사람들의 혁신적인 사고 능력도 더욱 강화시킨다. 웨스턴온타리오대학교가 진행한 어느 흥미로운 연구에서[115] 조엘 로파타Joel Lopata는 재즈 멜로디를 듣거나 즉흥적으로 직접 재즈를 연주할 때 피아니스트의 뇌파가 어떻게 달라지는지 분석했다. 일부 참가자는 즉흥 연주 훈련을 받았지만 그렇지 않은 사람도 있었다.

로파타는 숙달된 피아니스트들이 즉흥 연주를 할 때 알파파가 증가한다는 사실을 발견했다. 알파파는 외부 세계에 집중할 때 감소하고 내면에 집중할 때 증가하는 뇌파다. 숙달되지 않은 피아니스트에게서는 이런 현상이 관찰되지 않았다.

로파타는 다음과 같이 설명한다. "연구를 통해 오른쪽 전두엽 부분에서 뚜렷한 활동 패턴이 발견되었다. 이는 곧 숙달된 음악가들이 창의적으로 즉흥 연주를 할 때 우리가 흔히 '창의적인 정신 상태'라고 부르는 경지에 다다르게 된다는 의미다. 좀 더 이성적이고 논리적인 생각을 할 때와 명확히 다른 의식 상태를 보였다."

대체 용도 테스트의 결과가 기억나는가? 당시 혁신 회로는 활성화되고 반복 업무 회로는 약화되었다. 즉흥 연주 능력이 뛰어난 피아니스트들에게서도 같은 현상이 관찰되었다. 뇌에는 서로 다른 두 모드가 존재하며 이전에 즉흥 연주 훈련을 한 적이 있는 사람들에게서만 창의적인 모드가 관찰되었다. 이는 곧 공식적인 훈련이 창의적인 정신 상태를 학습하는 데 도움이 될 수도 있다는 의미다.[116]

두뇌 특징에 잘 어울리는 일자리

앞서 남들보다 더 강력한 혁신 회로를 타고나는 사람이 있다고 설명했다. 과학자들은 특정 유전자가 탐색 회로의 발달에 큰 영향을 미치며, 작가, 화가, 음악가, 기업가 들이 그 유전자를 갖고 있는 경우가 많다는 사실을 발견했다. 또한 조현병, 양극성 장애, 주의력 결핍 장애[ADD], ADHD를 유발하는 신경 회로 및 유전자와 겹치는 부분이 많다는 사실도 확인했다.[117]

약 15년 전 인류학자와 유전학자로 구성된 연구 팀이 케냐에 사는 목축 유목민 아리알족을 연구했다.[118] 생존을 위해 수렵과 채집 생활을 하는 아리알족은 ADHD의 비율이 높은 편이다. 유전자가 변이되면서 극단적인 탐색을 추구하는 ADHD를 가진 인구가 늘어난 것이다. 미국 학생 중 ADHD를 가진 사람은 10% 미만이지만 아리알족 중 ADHD를 가진 사람은 약 20%에 달했다.[119] 이 연구가 진행된 시기는 아리알족의 약 절반이 마을로 이주해 정착 생활에 익숙해진 이후였다. 연구진은 ADHD와 관련된 돌연변이 유전자를 가진 상태로 소, 낙타, 염소를 몰고 사바나를 돌아다니던 유목민들은 상대적으로 영양 및 건강 상태가 좋다는 사실을 발견했다. 하지만 ADHD 돌연변이 유전자를 가지고 정착한 채, 반복되는 일만 하며 살아가는 아리알 부족원들의 건강은 점차 악화되고 있었다.

이 연구는 타고난 재능과 업무를 잘못 짝지으면 얼마나 심각한 문제가 발생하는지 보여준다. 탐색 성향을 타고난 사람에게는 아트 디렉터나 웹 디자이너같이 탐색을 통해 보상을 얻는 업무를 맡기는 것이 훨씬 합리적이다. 미국에서는 선천적으로 안절부절못하고 탐색을 원하는 사람들, 특히 아이들이 가만히 앉아서 집중할 수 있도록 리탈린Ritalin이나 애더럴Adderall 같은 약물을 처방하는 경향이 있다. 마찬가지로 애초에 탐구심이 적은 사람을 디자인 연구실 책임자로 승진시키면 조직 전체에게도, 해당 직원에게도 긍정적인 결과가 나오기 힘들다.

구글의 모기업 알파벳Alphabet은 개별 직원이 가진 창의력의 차이를 관리하기 위해 직원들을 개개인의 적성에 맞는 업무에 배치하기 시작했다. 기업 문화의 변화를 잣대로 판단해보면, 타고난 혁신가들은 야심 찬 프로젝트를 구상하는 구글X에서 일하고, 실행력이 뛰어난 사람들은 구글 검색, 지메일, 구글 캘린더 같은 서비스를 원활하게 운영하는 것으로 보인다. 대부분의 조직에는 혁신적인 탐험가를 위한 일자리와 좀 더 일상적인 업무에 능해야 하는 일자리가 모두 있다. 비즈니스의 관점에서 생각하면 경영진이 각 직원의 재능에 걸맞은 업무를 부여하는 것이 좋다. 다시 말해서 특정 업무 역할에 사람들을 억지로 끼워 맞추기보다 혁신 능력이 뛰어난지 업무 수행 능력이 탁월한지 고려해 관련성이 높은 업무에 배치해야 한다. ADHD가 있는 사람들은 유전적으로 수렵 및 채집 생활에 좀 더 잘 맞을 수도 있다. 그렇다고 해서 이들이 가진 능력을 창의적인 업무에 활용할 수 없는 것은 아니다. 반면, 일관성 있는 일상을 선호하는 사람은 지속적인 혁신을 요구하는 업무를 잘 해내지 못한다.

이런 연구 결과를 개인적인 삶에도 적용할 수 있다. 일과를 보내다 보면 좀 더 창의적인 생각에 몰두하게 되는 시간대도 있고, 근무 시간 기록표 작성이나 이메일 답장같이 좀 더 명확한 업무를 효율적으로 처리하는 시간대도 있다. 이것이 바로 다니엘 핑크의 저서 『언제 할 것인가』(알키, 2018)의 기본 전제다.[120] 핑크는 사람들은 대개(올빼미형 인간은 제외) 쉽게 나른해지는 오후보다 오전이 끝날 무렵 좋은 결정을 내린다고 설명한다. 하지만 오후가 지나면 다시 기력을 회복한다. 따라서 그

후에 좀 더 창의적인 프로젝트를 진행하고 사교 활동을 하는 것이 적절하다. 사교 활동은 브레인스토밍의 중요한 요소가 될 수도 있다.

이런 뇌 상태에 맞춰 활동하지 않을 이유가 없다. 완수해야 할 여러 업무 중 집중력이 요구되는 '활용' 모드에 어울리는 것은 무엇이며, '탐색' 모드에 어울리는 것은 무엇인지 생각해야 한다. 신경과학의 원리를 기반으로 온종일 자신의 강점을 최대한 활용해 생산성을 높이는 접근 방법이다. 머지않아 우리는 미세 뇌전도를 통해 수집한 데이터를 활용하거나 컴퓨터 카메라를 이용해 동공 크기를 측정하는 등 과학적인 접근 방법을 활용해 개개인에게 적합한 업무를 찾아낼지도 모른다.

1 모든 사람의 뇌에는 혁신 회로가 있다. 하지만 대중매체에서 흔히 묘사되는 것과 달리 좌뇌와 우뇌로 나뉘어 있는 것은 아니다. 혁신 회로는 탐색할 때 활성화되고 반복 업무를 수행할 때는 비활성화된다.

2 일상적인 업무에서 벗어나면 좀 더 혁신적인 사고를 할 수 있을 뿐 아니라 다른 사람들의 혁신 사고도 북돋울 수 있다. 잠시 산책하거나 친구와 수다를 떨면 뇌의 혁신 신경망에 불을 지필 수 있다.

3 실제로 창의력이 뛰어난 사람이 있다. 이런 지식을 활용해 사람들에게 적성에 맞는 업무를 맡기면 성과도 개선되고 행복도도 높아진다.

4 창의적인 해결책이 필요할 때는 프라이밍 효과를 활용해야 한다. 직원들에게 온라인 게임을 시켜도 좋고, 익숙한 환경 밖으로 밀어내는 것도 좋다.

제 5 장

뇌는 어떻게
의사 결정을 내리는가

Decision-Making 101

의사 결정의 5단계 과정

잘못된 의사 결정은 리더를 평생 괴롭힐 지도 모른다. 고통스럽고 전설적인 사례를 몇 가지 살펴보자. 일렉트로닉 데이터 시스템즈Electronic Data Systems를 설립한 억만 장자 로스 페로Ross Perot에게는 1979년에 4천만~6천만 달러에 마이크로소프트를 매수할 기회가 있었다. 코닥Kodak은 디지털 카메라를 발명했지만, 이후 기술을 신속하게 받아들이지 않은 탓에 파산에 이르렀다. 역사상 최악의 합병으로 평가받는 AOL과 타임 워너Time Warner의 합병으로 약 1천억 달러의 주식 가치가 사라졌다. 블록버스터Blockbuster CEO 존 안티오코John Antioco는 5천만 달러에 넷플릭스를 인수 합병할 기회를 거절했다. 2장에서 살펴본 GE의 알스톰 인수 사례를 기억하는가?

이와 같은 결정들은 '역대 최악'의 결정 목록에 올라가곤 한다. 하지만 오만과 과신 탓이라는 비난을 제외하면 그 원인에 관해서는 별다른 언급이 없는 편이다. 특히 페로, 안티오코, 이멜트 같은 사람에게는 이미 너무 늦었다. 신경과학은 인간이 어떻게 결정을 내리는지, 어디에서 문제가 생길 수 있는지, 제대로 결정하려면 어떻게 해야 하는지에 대한 새로운 통찰력을 제공한다.

1990년대 말, 의사 결정에 관한 다양한 아이디어를 통합할 목적으로 신경과학자와 경제학자로 구성된 연구 팀이 의사 결정의 근본이 되는 신경생물학을 직접 연구하기로 했다. 나도 연구 팀의 일원이었다. '신경경제학neuroeconomics' 혹은 '의사 결정 신경학decision neuroscience'이라고 불리는 이 새로운 분야에서 진행된 기념비적인 연구를 통해 뇌가 수학적으로 최적화된 알고리즘을 활용해 의사 결정을 내린다는 사실이 밝혀졌다. 뇌는 의사 결정을 내릴 때 결정을 뒷받침하는 증거와 그 결정이 우리에게 줄 가치를 모두 고려한다. 연구 결과, 생리적 제약이나 결함, 혹은 기저 메커니즘의 변화 때문에 이른바 불합리하게 여겨지는 행동을 하게 된다는 사실이 밝혀졌다. 자세한 내용은 뒤에서 살펴볼 것이다.

5장에서는 기본적인 의사 결정 과정이 어떻게 작동하며 사람에 따라 그 과정이 어떻게 달라지는지 살펴보자. 또한 뇌가 우리가 고려할 수 있는 선택 방안의 수를 어떻게 제한하는지도 알아보자. 이와 같은 두 가지 측면이 리더에게 어떤 의미가 있는지, 선택의 역설(사람들에게 너무 많은 선택 방안을 제시하면 아예 아무것도 선택하지 않는 역설)을 보여주는 유명한 '잼 병' 연구에 대해서도 알아볼 예정이다(적어도 신경과학자들 사이에서 이 연구는 매우 유명하다). 선택 방안을 제한하면 매출이 올라간다는 주장을 둘러싼 논쟁은 여전히 뜨겁다. 이제는 뇌생리학에 관한 신경과학 연구 결과로 해당 주장을 뒷받침한다.

5단계 과정

의사 결정을 내릴 때, 뇌는 다음과 같이 순차적인 5단계를 거친다.

1. 선택 방안 감지하기: 결정을 내려야 한다는 사실을 인지하는 시점이다. 자신(나는 배가 고파)이나 주위 환경에 대

해(내 앞에 놓인 쟁반 위에 도넛과 사과가 있어) 무언가를 감지한다.

2. 증거 비교하기: 여러 가지 선택 방안을 고려하는 단계다(사과가 잘 익은 걸까? 아니면 썩은 걸까?, 설탕 코팅이 입혀진 도넛인가? 초콜릿 도넛인가?).

3. 선택 방안의 가치 고려하기: 각 방안을 선택했을 때 예상되는 결과를 고려하는 단계다(잘 익은 사과가 썩은 사과보다 맛있어, 도넛을 너무 많이 먹으면 살쪄).

4. 선택하고 행동하기: (도넛을 먹자)

5. 결과 평가하기: 의사 결정의 결과가 무엇인가? 첫 번째 단계에서 찾아낸 문제가 해결되었는가? 비슷한 상황이 된다면 똑같은 결정을 내리겠는가(도넛을 먹었고 맛이 좋았지만 이제 살찐 느낌이야)?

사람들은 뇌의 어떤 부위가 의사 결정을 담당하는지 묻곤 한다. 사실 뇌 전체가 의사 결정에 관여한다. 인간(혹은 원숭이나 쥐가 될 수도 있다)이 의사 결정을 내리기 위해 애쓸 때, 뇌 전체가 증거를 모으고, 선택 방안을 평가하고, 결정을 내리고, 결과를 통해 배운다.

속도와 정확성을 동시에 추구할 수 없는 이유

의사 결정을 내리기에 최적인 상황일 때
는 증거와 가치관을 바탕으로 비교적 빠르고 간단하게 결정을
내릴 수 있다. 하지만 사안이 복잡하다면 어떻게 될까? 좀 더
중요한 결정일 수도 있고, 선택 방안이 좀 더 많을 수도 있고,
다른 사람과 관련되어 있을 수도 있다. 주식 보유, 매도, 매수
결정같이 정보 흐름 자체가 급변하는 탓에 의사 결정의 복잡
성이 매우 높다면 어떻게 해야 할까? 이런 상황은 안개 낀 밤
의 신호등에 비유할 수 있다. 신호 자체가 분명하게 보이지 않
기 때문에 실수를 저지를 수 있다. 이런 환경일 때는 좀 더 많
은 정보를 수집하거나 선택 방안 고려에 좀 더 많은 시간을 할
애해 의사 결정의 기준을 높여야 한다. 안타깝게도 정확성을
추구하면 대개 속도가 느려진다. 극단적으로는 햄릿처럼 결정
을 내리지 못할 수도 있다.

결정을 내리기에 복잡한 사안이고, 속도를 늦출 여유가 없
다면 속도와 정확성 중 하나를 택할 수밖에 없다. 예를 들면,
야간 순찰 중인 군인이 팔을 들어 올린 채 자신을 향해 걸어오
는 사람을 본다고 생각해보자. 이때 상대가 손에 든 것이 휴대

전화인지, 무기인지, 다른 무엇인지 판단할 시간은 매우 짧다. 매우 긴박한 상황이고 잘못된 결정을 내릴 가능성이 매우 높다. 정보 누적 속도가 더디고 환경은 최적이 아니기 때문이다 (어둡고 너무 멀어서 명확하게 보기 힘들다).

의사 결정을 돕는 명상

프랑스의 명문 경영대학원 인시아드INSEAD와 미국 펜실베이니아대학교 와튼스쿨은 공동으로 연구를 진행해 『심리학Psychological Science』 저널에 연구 결과를 발표했다. 연구 팀은 짧고 신속하게 끝내더라도 마음챙김 명상을 하면 좀 더 나은 결정을 내릴 수 있다고 발표했다.[121] 구체적으로 설명하면, 연구 팀은 손실을 회복하거나 손해를 피하는 데 도움이 되지 않는데도 불구하고 이를 위해 계속해서 자원을 지출하려는 경향을 바로잡는 데 명상이 효과적이라는 사실을 확인했다. '이미 돈을 낭비한 다음 더 많은 돈을 쏟아붓는 행위throwing good money after bad'에 불과한 매몰 비용 편향sunk-cost bias은 오늘날 조직에 악영향을 미치는 가장 흔하고 비용 파괴적인 인지 편향 중 하나다. 매몰 비용 편향은 리더들이 손실을 줄이고 최선의 결과로 이어질 새로운 선택을 하는 대신 과거의 행동과 이미 지출한 자원을 낭비하지 않겠다는 욕구에 따라 결정하는 원인이 된다.

잠깐씩만 명상을 해도 잘못된 의사 결정 과정에 저항하는 능력을 기르고 현재 활용 가능한 정보를 활용해 좀 더 합리적인 결정을 내리는 데 도움이 된다. 명상을 하면 과거와 미래에 덜 집중하게 되고, 부정적인 감정이 약해지는 심리적 변화가 나타난다. 부정적인 감정이 줄어들면 '매몰 비용'에 집착하지 않게 된다. 그 결과 좀 더 바람직한 시각을 갖고 현명한 결정을 내리게 된다.

실제로 의사 결정을 하기 전에 정확한 결정을 내리는 것이 중요한지 신속한 결정을 내리는 것이 중요한지 선택해야 할 때가 많다. 증거를 검토하고 선택 방안을 평가하려면 시간이 걸리며, 우리의 뇌는 이런 식으로 의사 결정을 하도록 구성되어 있다. 가능하다면 속도를 늦춰 좀 더 나은 결정을 내리는 편이 좋다. 신속하게 결정해야만 하는 상황이라면 실수를 감수할 준비를 하되 비상 계획을 마련해두는 것이 좋다.

우리가 보는 것,
그리고 그 방향이 선택에 미치는 영향

다음에 회의에 참석할 기회가 있다면, 대면 회의든 온라인 회의든 당신의 시선이 어디로 향하는지 주의 깊게 관찰하기를 바란다. 회의 테이블에 앉아 있는 사람을 차례차례 둘러볼 수도 있을 테고 줌 화면에 떠 있는 작은 상자들을 순서대로 쳐다볼 수도 있을 것이다. 이미 훑어봤던 누군가가 말을 시작하면 그 사람에게 눈이 돌아지도 모른다. 그런 다음 발표자가 새로운 수익 예상에 관한 이야기를 하기 시작하면 화면의 파워포인트 슬라이드로 시선이 빠르게 옮겨 갈 수도 있다. 하지만 뇌의 작용 때문에 한 장면에 존재하는 모든 것을 완벽하게 볼 수는 없다. 가령 흐릿한 이미지가 여러 개 모여 있는 것처럼 인식하기도 하고, 중앙에 위치한 것만 선명하게 바라보고 주변은 온통 흐릿한 이미지로 인식하기도 한다. 우리 눈은 실제로 이런 식으로 정보를 받아들인다.

우리가 선명하게 볼 수 있는 범위는 팔을 쭉 뻗어 엄지손가락을 치켜든 정도의 거리에 불과하다. 우리의 눈은 초당 약 네 번 움직이며 빠르게 움직일 때는 사실상 아무것도 보지 못한다. 하지만 우리의 뇌는 멈추는 순간과 시작하는 순간, 선명한 중심부와 흐릿한 배경, 짧은 순간들을 재구성해 우리가 인식하는 하나의 일관성 있고 초점 있는 장면을 만들어낸다.

신경과학자들은 다양한 추적 장치를 사용해 눈의 움직임을 광범위하게 연구했다. 그 결과 사물을 바라볼 때 특유의 패턴이 나타난다는 사실을 발견했다. 특히 얼굴은 사람들의 주의를 끈다. 사람들은 대개 상대방의 눈을 각각 쳐다본 다음 입을 쳐다본다. 삼각형 패턴으로 얼굴을 바라보는 것이다.[122] 하지만 우선순위를 두는 정보는 사람마다 다르다. 예를 들어, 자폐를 앓는 사람들은 다른 사람들의 얼굴을 쳐다보지 않는 경향이 있으며 특정한 형태의 불안을 가진 사람들은 눈을 마주치지 않으려 한다.

우리가 찾고자 하는 정보가 우리의 시선이 향하는 방향을 결정짓기도 한다. 초창기 시선 추적 연구 중 하나를 진행한 러시아 심리학자 알프레드 야르버스Alfred Yarbus는 식탁에 앉아 있는 가족을 그린 그림을 보여주고 그들이 얼마나 부유한지 추측해보라고 요청했다.[123] 사람들은 얼굴에 집중하지 않고 옷, 실내 장식, 시중을 드는 사람의 존재 여부 같은 세부 사항을 살폈다. 우리는 어떤 결정을 내려야 하는지에 따라 눈으로 다른 정보를 수집한다.

지난 10년 동안 시선 추적 연구를 통해 웹페이지 디자인이 사람들의 시선, 기억, 구매 행위에 영향을 미친다는 사실이 드러났다.[124] 서양 문화권 사람들은 왼쪽에서 오른쪽으로 글을 읽는 데 익숙하다. 따라서, 웹페이지를 볼 때도 왼쪽 위에서부터 오른쪽 아래쪽으로, 즉 대문자 F 모양으로 훑어보는 경향이 있다.[125] 웹디자이너들은 이런 패턴에 맞춰 웹페이지를 디자인하기도 하고 눈에 띄는 시각 효과, 화살표, 그 외에 주의를 끄는 요소를 활용해 이 패턴을 깨뜨린다. 무엇보다 가장 중요한 것은 인간의 시선이 본능적으로 얼굴에 끌린다는 사실을 웹사이트 방문자의 주의를 끌고 유지하는 데 적용할 수 있다는 것이다. 매장이나 사무실에도 똑같은 원칙이 적용된다. 하지만 온라인에서 사람들의 시선을 통제하기가 더 쉽다. 실제 사람들이 원격 근무를 하거나 온라인 쇼핑을 할 때 주의를 끌 수 있는 기회가 훨씬 더 많다.

회의 테이블을 둘러보거나 식료품 선반을 살펴보거나 화상회의 앱을 이용해 온라인 회의에 참석할 때 우리 뇌에서는 어떤 일이 벌어질까? 신경과학자들은 인간의 뇌에 눈에 보이는 것들의 우선순위를 정하는 '우선순위 지도priority map'가 있다는 사실을 발견했다.[126] 이제 우리는 예상되는 시각적 자극에는 좀 더 신속하게 반응하고 눈에 띄는 사람과 물체에 좀 더 큰 관심을 보인다는 사실을 잘 알고 있다. 이런 식으로 주의 집중을 하면 시각적인 장면을 구성하는 나머지 요소들은 흐릿해진다. 뇌의 우선순위 지도는 기본적으로 배경과 대비되어 두드러지거나 스스로 중요하게 여기는 시각적 자극에 좀 더 큰 비중을 부여한다.

무엇을 보고 있는지 무엇에 주의를 기울이고 있는지 이해하는 것이 왜 그토록 중요할까? 신경과학은 우리가 바라보는 것과 선택하는 것 사이에 직접적인 관계가 있다는 사실을 밝혀냈다. 결정을 내리기 위해 고민할 때, 뇌는 선택 방안에 관한 정보를 저울질하는 샘플링(표본 추출) 과정을 수행한다. 하지만 이 과정이 반드시 균형 잡힌 방식으로 진행되지는 않는다. 다시 말해서, 모든 선택에 관한 정보를 균등하게 찾는 것은 아니다. 한 가지 방안에 더 많은 주의를 기울일수록 나머지 방안이 가진 특징에는 관심을 덜 두게 된다. 인간은 적극적으로 주의를 기울이지 않는 것은 인식조차 하지 못할 때가 많다. 우리는 의식적으로 어떤 물체나 행동, 아이디어를 받아들이기 위해(이 멜트와 알스톰 인수처럼) 다량의 정보를 걸러낸다. 제조업체가 매장에 제품을 배치할 때 고객의 눈높이에 맞추려고 하는 이유 중 하나가 바로 이것이다. 어디를 보고, 얼마나 많은 주의를 기울이는지가 선택에 영향을 미친다.

과학자는 당신이 어떤 선택 방안을 얼마나 오랫동안 바라보는지 관찰해 당신이 최종적으로 어떤 선택을 할지 예측할 수 있다. 특정한 선택 방안의 겉모습을 수정해 해당 선택 방안에 쏟아지는 관심을 얼마든지 조작할 수 있다. 이런 식으로 관심이 조작되면 우리는 가장 눈에 띄거나 주목할 만한 방안을 선택할 가능성이 높아진다. 그런 후에는 해당 방안이 더 마음에 든다고 이야기하곤 한다. 이를 '단순 노출 효과'라고 부른다. 어떤 선택 방안의 핵심 측면을 수정해 좀 더 눈에 띄게 만들면(예를 들면, 좀 더 밝은 색상이나 두드러지는 대조 효과, 얼굴 활용) 누군가의 결정에 교묘하게 영향을 미칠 수 있다.

홍미로운 사례가 있다. 대부분의 사람들은 손실을 싫어하기 때문에 잠재 손실보다 잠재 이익이 커야 도박에 응한다.[127] 대부분의 사람들이 보험을 구매하는 이유 중 하나다. 사람들은 잠재 손실을 피하기 위해 돈을 내는 것이다. 최근 연구를 통해 시선이 향하는 곳을 보면 해당 인물의 손실 회피 수준을 파악할 수 있다는 사실을 발견했다.[128] 먼저 연구 참가자들에게 돈을 얻을 확률과 잃을 확률이 같은 도박에 참여할 것인지 결정하도록 했다. 이익과 손실 금액은 매번 달랐다. 참가자들은 대개 손실을 싫어했지만 그렇지 않은 사람도 있었다. 잠재적인 손실에 관한 내용을 좀 더 오래 바라본 사람들은 도박을 거절할 가능성이 높아졌다. 실제로 돈을 딸 가능성이 더 클 때조차 그랬다. 캐리 프리드먼Cary Frydman과 안토니오 랑헬Antonio Rangel이 진행한 또 다른 연구에 따르면,[129] 사람들은 손실을 보고 있는 주식의 가격이 더 두드러지게 표시될 때 해당 주식을 좀 더 오래 보유하는 경향이 있다. 현재 진행 중인 연구를 통해서 우리 연구진은 잠재적 이익을 약간 더 밝거나 큰 글씨로 표시하기만 해도 손실 회피 경향이 사라질 수 있다는 사실을 발견했다. 이 같은 연구 결과는 금융 정보를 시각적으로 표현하는 방식과 사람들이 내리는 선택 사이에 밀접한 연관성이 있다는 것을 시사한다.

이런 연구 결과는 소비자의 의사 결정으로도 이어진다. 밝거나 알록달록한 과자 포장지는 사람들의 관심을 끌 가능성이 크다. 또한 더 오래 쳐다볼수록 해당 제품을 선택할 가능성도 커진다. 심지어 좋아하는 과자가 아니더라도 오래 쳐다보면 해당 과자를 선택할 가능성이 커진다.[130]

따라서 어디를 쳐다보는지에 따라 우리의 뇌가 선택 방안을 평가하는 과정에 편견이 생긴다. 이는 곧 무언가를 좀 더 오래, 혹은 가장 먼저 바라보게 할 수 있다면 그것을 선택하게 유도할 수 있다는 뜻이다. 이런 연구 결과는 강력한 마케팅 도구가 될 수 있을 뿐 아니라 좀 더 건강한 음식을 먹고, 금연하고, 은

퇴를 위해 저축하도록 장려하는 방향으로 건강 및 금융 관련 메시지를 개선하는 데도 도움이 된다.

시선이 향하는 곳과 가치관 및 우선순위 사이에 밀접한 연관성이 있다는 사실을 고려하면, 사회적 존재인 우리가 다른 사람들의 시선을 단서 삼아 그 사람이 무엇을 중요하게 여기는지 파악하는 것은 전혀 놀라운 일이 아니다. 다시 말해서, 우리는 주변에 존재하는 흥미롭거나 가치 있는 것을 찾아내기 위해 사회적 파트너를 활용하며 상대의 시선이 어디로 향하는지 두 눈으로 직접 관찰한다. 타인의 시선을 추적하는 행동은 인간 발달 초기 단계에서부터 나타나며 타인의 정신 상태를 이해하는 데 중요한 역할을 한다.

시선 추적은 팀과 고객을 관리하는 데 중요한 영향을 미친다. 우리가 바라보는 방향은 다른 사람들의 주의를 이동시키고 궁극적으로 그들의 선택에 영향을 미친다. 어느 연구를 통해, 누군가가 특정한 과자가 있는 곳을 쳐다보는 이미지를 보기만 해도 그 과자를 구매하려는 마음이 커진다는 사실이 드러났다. 심지어 참가자들은 그런 효과를 인식조차 하지 못한 채 구매하게 된다.[131] 최근 연구에서, 참가자들에게 유명인이나 매력적인 일반인이 특정 과자를 바라보거나 외면하는 광고를 보여주었다.[132] 그 후에 실시된 선호도 조사에서 광고에 등장한 사람들이 쳐다본 제품을 선택하는 경우가 훨씬 많았다. 사람들은 특히 유명인의 시선이 닿은 제품을 선호했다. 이런 연구로 미루어 볼 때 타인의 시선이 우리가 제품을 가치 있게 여기는 정도, 그 제품을 구매하기 위해 기꺼이 지불하는 금액에 큰 영향을 미친다는 사실을 알 수 있다. 이 같은 연구 결과가 마케팅에 미치는 영향은 매우 명확하다.

놀랍게도 우리는 어떤 사람의 시선이 주변에서 중요한 것을 잘 짚어낼 때 상대를 더욱 신뢰한다.[133] 같은 논리로, 서로 눈을 마주하는 것은 신뢰한다는 신호이기도 하다. 누군가의 눈을 바라보는 순간, "당신은 중요한 사람입니다!"라는 메시지가 전달된다. 결국 어디를 바라보는지가 중요하다는 뜻이다. 회의를 하거나 고객과 대화할 때는 당신의 시선 방향을 의식적으로 조절해야 한다. 시선을 활용해 대화를 조율하고 궁극적으로 결정 과정에 영향을 미쳐야 한다. 줌을 비롯한 온라인 회의에서도 마찬가지다.

선택 피로와 선택의 역설

마지막으로 누군가를 채용했던 때를 떠올려보자. 얼마나 많은 지원자를 면접했는가? 얼마나 많은 지원자를 걸러냈는가? 아마도 지원자 추적 소프트웨어를 활용했을 지도 모른다. 채용 컨설턴트들은 전체 지원자 중 채용 제안을 받는 사람은 약 2%에 불과하다고 설명한다.[134] 채용은 비즈니스 리더가 내려야 할 중요한 결정 중 하나다. 물론, 값비싼 결정이기도 하다. 올바른 채용 결정을 내리기 힘든 이유 중 하나로, 온라인으로 제출되는 지원 서류의 방대한 양을 꼽을 수 있다.

선택 방안이 많을수록 결정이 힘들어지는 이유는 무엇일까? 경제학자들은 선택 방안이 늘어나면 정말로 원하는 것(이 경우에는 취업 전망)을 찾을 가능성이 커지고, 행복감과 만족감도 높아진다고 주장한다. 그러나 현실에서는 선택의 역설paradox of choice, 혹은 선택 피로option fatigue라고 할 만한 상황이 존재한다. 선택 방안이 너무 많으면 누구나 심각한 문제에 봉착할 수밖에 없다. 바람직한 채용 결정을 내리고 싶어 하는 리더, 소비자의 제품 구매를 독려하려는 판매자, 부동산 정보 사이트에서 이사할 집을 검색하는 사람 모두가 마찬가지다.

선택의 역설에 관한 연구가 처음으로 진행된 것은 약 20년 전이었다. 컬럼비아대학교의 쉬나 아이엔가Sheena Iyengar와 스탠퍼드대학교의 마크 레퍼Mark Lepper는 캘리포니아 멘로 파크에 있는 고급 소매점 드래저스 마켓Draeger's Market에서 실험을 진행했다.[135] 연구진이 드래저스 마켓을 선택한 이유는 머스타드 250종, 잼 300종, 올리브유 75종 등 놀라울 만큼 다양한 제품을 갖추고 있었기 때문이다. 드래저스 마켓은 고객들이 선택 방안 중 일부를 직접 맛볼 수 있도록 시식대도 자주 설치한다.

어느 날 아이엔가와 레퍼는 윌킨 앤 선즈Wilkin & Sons 잼 24종을 테이블에 진열해두었다. 다른 날에는 6종류의 잼을 제공했다. 두 사람은 실험을 통해 더 많은 잼을 전시해두면 사람들이 더 큰 흥미를 보이긴 하지만, 적은 종류의 잼만 전시했을 때보다 실제 매출은 훨씬 적다는 사실을 발견했다(3%와 30%). 이 실험의 결론은 무엇일까? 바로 선택의 폭이 너무 넓으면 결정하고자 하는 의욕이 사라진다는 것이다.

다른 식품 품목, 메디케어 파트 D(처방약 보조 프로그램)에 포함되는 처방약 프로그램 등 다른 상품을 이용한 실험도 진행되었다. 심지어 은퇴 저축 상품에 들어가는 뮤추얼 펀드를 대상으로 실험을 진행하기도 했다. 아이엔가는 마지막 연구를 진행한 결과 놀랍게도 뮤추얼 펀드 선택지가 너무 많아지면 저축 계획에 참여하는 사람이 줄어든다는 사실까지 발견했다. 고용주가 내놓는 돈을 그대로 가져오는, 사실상 공짜로 돈을 얻는 것인데도 불구하고 사람들은 선택지가 지나치게 많다는 이유로 선택 자체를 포기했다.

이 연구가 발표된 지 몇 년 후, 선택의 역설이 생겨나는 이유를 조금 더 자세히 설명해주는 새로운 연구 결과가 공개되었다. 이미 여러 연구 팀이 선택지는 많을수록 좋고, 결정을 내리는 당사자가 잘 알고 있는 영역이라면 더더욱 선택권이 많아야 좋다는 결론을 내린 바 있다.[136] 신경과학 연구가 아니었다면 이런 논쟁이 계속되었을지도 모른다. 먼저 패서디나에 있는 캘리포니아공과대학교의 콜린 캐머러Colin Camerer가 진행한 연구를 살펴보자.[137]

참가자들에게 풍경 사진을 보여주고 6장, 12장, 24장 중 하나를 골라 머그컵이나 다른 물건을 꾸미도록 요청했다. 참가자들이 결정을 내리는 동안 fMRI를 이용해 뇌를 스캔했다. 그 결과, 의사 결정에 영향을 미치는 전대상피질과 가치 평가에 영향을 미치는 선조체의 활동이 크게 증가한 것으로 밝혀졌다.

연구진은 전대상피질과 선조체가 12장의 사진 중 하나를 고르던 참가자들에게서 가장 활성화되었고 6장나 24장의 사진 중 하나를 고르는 참가자들에게서 가장 적게 활성화되었다는 사실을 발견했다. 선택 방안이 많을수록 좋을 것이라고 생각할 수도 있다. 잠재적 보상이 가장 크기 때문이다. 하지만 선택 방안이 너무 많으면 제대로 평가하기가 어려워서 보상의 가치는 줄어들 수도 있다. 다시 말해서, 12장의 방안 중 하나를 선택하는 것은 좋다. 하지만 24장 중 하나를 선택하는 것은 너무 어려워서 실제로 원하는 것을 얻기 힘들 때가 많다.

캐머러는 참가자들이 인식하는 보상의 가치(12장가 아니라 24장 중 하나를 고르면 머그컵에 훨씬 더 나은 사진을 인쇄할 수 있을까?), 선택 방안을 평가하기 위해 필요한 노력(선택지가 늘어나면 그만큼 선택하는 데 오랜 시간이 걸린다), 개인의 성격 등을 고려해 이상적인 선택지의 수는 8~15개라고 결론 내렸다.

우리의 뇌에는 한계가 있다

너무 많은 선택지가 주어지면 인간의 뇌

는 결정을 내릴 때 어려움을 느낀다. 신경과학자들은 실질적으로 고려할 수 있는 선택지의 수에 물리적인 한계가 있어서 이런 어려움이 생긴다는 사실을 밝혀냈다. 뉴런은 초당 약 100개의 스파이크(혹은 활동 전위)만 보낼 수 있다. 애초에 하나의 뉴런이 또 다른 스파이크를 전송하려면 배터리 재설정 과정이 필요하고, 이 과정에 많은 에너지가 소모되기 때문이다. 이러한 생리적 제약으로 우리 뇌는 뉴런의 활동을 이용해 정보 신호를 보낼 때 매우 효율적으로 기능한다.

인간의 뇌는 정보를 암호화하기 위해 분할 정규화^{divisive} normalization라 불리는 과정을 활용한다. 과학적인 측면에서 생각하면, 분할 정규화는 특정한 종류의 지름길이라고 볼 수 있다. 이 과정은 시각 체계에서 처음 발견되었다. 아래의 그림(에빙하

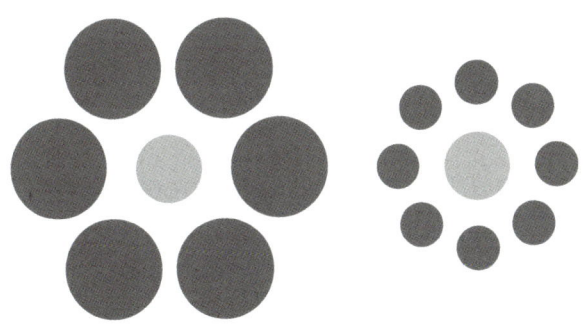

우스 착시Ebbinghaus illusion 혹은 티치너 원Titchener circles illusion이라고 알려져 있다)과 같은 착시 현상이 나타나는 이유는 정규화 때문이다.[138]

오른쪽 그림과 왼쪽 그림 가운데 있는 원의 크기가 같은데도 불구하고 인간의 뇌는 왼쪽 그림 중앙에 있는 원이 더 작다고 판단한다. 우리의 뇌는 각 그림에서 보이는 전체 원의 평균 크기를 기준으로 중앙에 있는 원의 크기를 판단하기 때문에 오른쪽에 있는 원이 좀 더 커 보이는 것이다.

이제 우리는 분할 정규화가 우리의 결정을 중재하는 뇌 영역에도 영향을 미친다는 사실을 알게 되었다. 우리의 뇌는 눈앞에 놓인 여러 선택 방안의 절대적인 가치나 효용을 알려주는 대신 모든 선택 방안의 평균과 각 선택 방안의 상대적인 차이를 계산한다. 결정을 내리는 순간, 다시 말해서 눈앞에 있는 모든 선택 방안을 고려할 때 이와 같은 정규화 과정이 진행된다. 정규화 과정이 진행되면 결정을 내리기까지 조금 더 오랜 시간이 걸리기도 한다. 최근에 맞닥뜨렸던 모든 선택 방안의 가치를 나누어 판단하기 때문이다. 6월에는 7℃가 춥게 느껴지지만 12월에는 따뜻하게 느껴지고, 도미노 피자를 살 때 쓸 수 있는 5달러짜리 쿠폰이 테슬라를 구매할 때 쓸 수 있는 5달러짜리 쿠폰보다 매력적으로 느껴지는 것 모두 분할 정규화 때문이다.

많은 연구를 통해 선택 방안을 늘리면 각 선택 방안의 가치를 알려주는 뉴런 활동이 감소한다는 사실이 밝혀졌다. 의사 결정은 결국 정보를 축적하는 과정이기 때문에 실제로 선택하는 한계점에 도달하기까지 오랜 시간이 걸린다. 물론 선택하지 못하는 경우도 있다. 결국 결정하는 시간이 오래 걸릴수록 그 선택에 대한 자신감이 줄어들고, 선택을 바꾸고 싶어 할 가능성이 커진다. 선택 방안이 늘어날수록 선택이 힘들어지는 선택의 횡포tyranny of choice 현상은 단순히 비합리적인 심리적 산물이 아니다. 그보다는 뉴런이 정보 신호를 보내기 위해 활동하는 과정에 물리적 제약이 가해졌을 때 이런 현상이 나타나는 것으로 밝혀졌다.

우리는 정규화 과정이 진행되는 방식이 사람에 따라 다르다는 사실을 알게 되었다. 예를 들면, 어떤 사람들은 그림 2에 있는 티치너 원 같은 시각적인 착시 현상에 훨씬 커다란 반응을 보인다. 또한 이런 현상이 나타나는 것은 정규화가 진행될 때 뇌에서 일어나는 일련의 과정과 관련 있을 수도 있다. 최근에 공개된 몇몇 연구에 따르면, 정규화 과정에서 나타나는 개인차가 사람마다 손실과 이익을 바라보는 방식, 즉 어떻게 의사 결

정을 내리는지에 영향을 준다. 앞으로는 누군가의 정규화 과
정만 알아도 고객이나 직원의 의사 결정 방식을 이해하는 데
큰 도움을 얻을 수 있다.

의사 결정에 영향을 미치는 요소들

"문제가 뭡니까?"

브래드 피트Brad Pitt가 주연한 영화《머니볼Moneyball》에 등장
하는 유명한 장면이다. 피트는 메이저리그MLB 내에서 스몰마
켓 팀small-market team(구단의 인기, 지역 인구, 경제력 등을 감안했을 때 상
대적으로 약세인 팀−옮긴이)의 혁명을 주도했던 야구팀 오클랜드
애슬레틱스Oakland Athletics의 단장 역할을 맡았다.

2001년 오클랜드 애슬레틱스는 플레이오프 경기에서 가슴
아픈 패배를 겪었다. 게다가 자유 계약 선수 신분이었던 핵심
선수 셋, 즉 1루수 제이슨 지암비Jason Giambi, 중견수 조니 데이
먼Johnny Damon, 구원투수 제이슨 이스링하우젠Jason Isringhausen을
모두 잃을 위기에 처했다.

피트는 경영진에게 무엇이 문제냐고 계속 묻는다. 경영진은

핵심 선수들이 교체되는 것이 문제라고 이야기한다. 그러나 피트의 설명처럼 진짜 문제는 그보다 더 심각했다.

피트는 이렇게 설명한다. "우리가 해결하려고 하는 문제는 돈이 많은 팀이 있고 가난한 팀이 있고, 그보다 까마득히 아래쪽에 우리가 있다는 겁니다. 불공평한 게임이란 소리입니다."

분할 정규화(그리고 시각적 착시)에 관한 핵심은 무엇이든 맥락이 중요하다는 것이다. 앞서 관심에 관한 이야기를 하면서 비슷한 내용을 언급했다. 사람들이 이쪽을 보게 하면 저쪽을 보지 않게 되고, 그러면 여기에 있는 것을 선택할 가능성이 커진다. 수많은 마케팅 전략과 심지어 정치 캠페인마저도 맥락을 바꿈으로써 결정에 영향을 준다. 행동경제학에서 이야기하는 넛지 이론nudge theory을 들어본 적이 있을 것이다. 어쨌든 환경을 미세하게 변화시키면 사람들이 외부의 영향으로 자신의 생각이 달라졌다는 사실을 미처 깨닫지 못한 상태로 결정을 내리도록 유도할 수 있다. 영향을 주는 기법에는 여러 가지가 있다.

피트의 독백은 프레이밍 효과framing effect, 즉 일련의 선택지 중 일부를 어떻게 설명할 수 있는지 잘 보여준다. 다시 말해서, 중요한 것은 선택 방안 그 자체가 아니라 그 선택 방안들을 언급하는 방식이다.

　신경과학 분야의 연구 결과에 따르면, 선택 방안을 설명하는 방법에 따라 우리의 뇌가 대응하고 결정하는 방식도 달라진다. 이제는 고전이 된 연구에서 베네데토 드 마르티노Benedetto De Martino와 레이 돌런Ray Dolan은 사람들에게 확실한 선택과 도박 중 하나를 선택하도록 요청했다. 확실한 선택은 금액 손실과 이익으로 프레이밍되었다.[139] 여러 선행 연구에서 그랬듯, 참가자들은 손실로 프레이밍된 선택 방안을 피하려고 도박을 선택하는 경향을 보였다. 하지만 이익으로 프레이밍된 확실한 선택을 도박보다 더 선호했다. 확실한 손실을 피하려고 도박을 할 때 편도체가 활성화되었다. 편도체는 두려움이나 흥분 같은 감정을 동원해 의사 결정과 행동을 돕는다. 이는 곧 감정이 프레이밍에서 중요한 역할을 한다는 뜻이다. 단, 본능적으로 안와 전두피질(결정을 돕는 감정 정보와 인지 정보를 통합하는 전두엽)을 활성화하는 사람은 프레이밍의 영향을 덜 받는다는 사실을 눈여겨볼 필요가 있다. 이런 연구 결과를 보면, '주식 트레이더처럼 생각하기' 같은 감정 조절 전략이 프레이밍에 대한 민감도를 낮추는 데 도움이 되는 까닭이 무엇인지 알 수 있다.

　비대칭 우위asymmetric dominance라고도 알려진 미끼 효과decoy

effect도 있다. 달갑지 않은 미끼 방안을 선택지에 추가하면 원하는 방안에 관한 관심을 높일 수 있다. 마케터, 소매업체, 재정 상담가, 부동산 중개인 등은 이 효과를 활용해 소비자들의 결정에 영향을 미친다.

미끼를 물지 않는 세 가지 방법

이미 속도와 정확성을 동시에 추구할 수는 없다고 설명한 바 있다. 이번에도 마찬가지다. 미끼에 휘둘리지 않으려면 속도를 늦추고 결정을 내리기 전에 자신에게 두 가지 질문을 던져야 한다.

- **각 선택 방안의 '단위 비용'은 무엇인가?** 식료품점에서라면 1리터짜리 우유나 4.5리터짜리 우유의 그램당 가격을 생각해볼 수 있다. 휴가를 갈 생각이라면 각 상품에서 유사한 객실 가격이 얼마인지 확인할 수 있다. 대형 텔레비전을 구매할 때는 화면의 인치당 가격을 따져볼 수 있다.
- **무엇이 중요한가?** 우유가 상하기 전에 1리터 이상 마실 수 없다면 대용량 제품을 사는 것은 결코 좋은 선택이 아니다. 디럭스룸이든 스탠다드룸이든 별다른 상관이 없다면 디럭스룸이 좀 더 좋은 조건에 나와 있다고 해도 의미가 없다.

애리조나대학교의 테런스 코널리Terrence Connolly는 연구를 통해 미끼 효과를 줄이는 데 매우 효과적인 또 다른 방법을 찾아냈다. 코널리는 선택을 앞둔 시점에 그 선택을 얼마나 후회하게 될지 떠올려보면 도움이 된다고 설명한다.[142] 코널리와 동료들은 학생들에게 미끼가 포함된 일자리 중 하나를 선택하도록 했다. 지금의 선택을 나중에 후회할 수도 있다는 설명문을 먼저 읽은 학생들은 미끼를 선택하는 확률이 현저히 낮았다. 잘못된 선택을 하면 후회할 수 있다고 생각하는 것만으로도 좀 더 나은 결정을 내리는 데 도움이 되었다.

당신이 두 종류의 와인을 판매하는 상인이라고 상상해보자. 첫 번째 와인은 10달러고 두 번째 와인은 30달러다. 대부분의 사람은 30달러짜리 와인이 너무 비싸다고 생각하며 구매하지 않는다. 이때 판매될 거라는 기대 없이 50달러쯤 하는 훨씬 비싼 와인을 진열해두면 30달러짜리 와인이 훨씬 매력적인 상품으로 보이게 된다. 선택 가능한 와인이 10달러짜리와 30달러짜리밖에 없었을 때는 30달러짜리 와인을 평균을 웃도는 비싼 와인으로 여기지만, 50달러짜리 와인이 추가되면 30달러가 정확하게 평균값이 된다.

몇 년 전, 미국의 고급 주방용품 판매점 윌리엄스 소노마 Williams-Sonoma는 이런 접근 방법을 활용해 고객의 지갑을 열었다.[140] 당시 윌리엄스 소노마는 279달러짜리 제빵기를 선보였지만 잘 팔리지 않았다. 그러던 중 429달러짜리 모델을 출시하자 갑자기 '덜 비싼' 모델이 되어버린 첫 번째 제빵기 매출이 두 배로 늘어났다. 대부분의 소비자는 자신이 구매하는 제품의 도매가를 모르기 때문에 정규화에 의존한다. 다시 말해, 환경 속에 존재하는 신호를 받아들여 의사 결정을 내리는 것이다. 이 경우에는, 환경이 279달러짜리 제빵기가 상대적으로 저렴하다는 신호를 보낸 셈이다.

연구에 따르면, 미끼 효과는 정치, 금융 등 다양한 분야에서 결정을 뒤흔드는 역할을 한다. 어느 연구진이 한 무리의 투자자들에게 두 가지 주식을 제시했다.[141] 주식 A의 장기 성장률과 배당 수익률은 각각 20%와 2%였고, 주식 B의 장기 성장률과 배당 수익률은 각각 10%와 7%였다. 이와 같은 두 가지 선택 방안만 주어졌을 때는 참가자들이 단기 이익과 장기 이익 중 자신의 선호에 따라 선택했다.

두 번째 그룹에는 첫 번째 그룹과 같은 두 가지 선택 방안 외에 세심하게 설계된 미끼 방안도 함께 주어졌다. 주식 C의 장기 성장률과 배당 수익률은 각각 15%와 1%였다. 주식 C는 왜 투자자들이 주식 A를 선택하도록 유도하는 기발한 미끼 역할을 할 수 있었을까? 장기 성장률과 배당 성장률이 모두 A보다 약간 낮은 탓에 참가자들이 장기적인 이익과 단기적인 이익 중 무엇을 선호하든 결국 A가 좀 더 그럴듯한 선택지처럼 보이기 때문이다.

• 리더의 뇌파 •
꼭 기억해야 할 점

1 우리의 뇌는 증거와 가치를 저울질해 결정을 내린다. 이 과정을 거치는 데 상당한 시간이 걸린다. 그런 탓에 좋은 결정을 내리기가 힘들 때가 많다. 가능하다면 속도를 늦춰 좀 더 나은 결정을 내리는 것이 좋다.

2 시간을 들일 만한 여유가 없다면 속도와 정확성 중 하나를 택할 수밖에 없다. 이런 상황일 때는 실수를 예상하고 받아들일 수밖에 없다.

3 어디를 바라보고 어디에 관심을 두느냐가 의사 결정 과정에 영향을 미친다. 이는 눈에 띄는 제안이나 제품을 내놓으면 사람들의 선택을 원하는 방향으로 유도할 수 있다는 뜻이다.

4 인간은 사회적 존재이기 때문에 타인의 시선을 추적한다. 다른 사람들이 당신이 원하는 것을 보도록 유도하라. 당신의 시선을 잘 활용하면 타인이 무언가를 바라보고 최종적으로 선택하는 데 미묘한 영향을 미칠 수 있다.

5 인간의 뇌가 실질적으로 고려할 수 있는 선택지의 수는 물리적으로 제한되어 있다. 너무 많은 선택 방안을 제시해 직원이나 고객에게 부담을 안겨서는 안 된다.

6 뇌는 각 선택 방안이 평균과 얼마나 다른지 계산해 에너지를 절약
한다. 미끼 방안을 활용하면 이런 과정에 영향을 미치고 사람들의
결정을 원하는 방향으로 유도할 수 있다.

제 6 장

성과 향상

Driving Performance

작은 성과가 낳은 놀라운 결실

1989년 GE의 전설적인 CEO 잭 웰치^{Jack} Welch는 세계 최초로 최고 학습 책임자^{chief learning officer, CLO} 스티브 커^{Steve Kerr}를 채용해 기업 혁신을 주도했다. 커는 서던캘리포니아대학교 교수였기 때문에 처음에는 연간 25일만 GE 컨설팅에 할애했다. 하지만 머지않아 연간 210일 이상 일을 해야 하는 상황이 되었고 결국 GE로 직장을 옮겼다. 기업들은 기술 혁신을 비롯한 비즈니스 환경 변화에 적응하고, 조직 변화를 이끌어나가기 위해 직원 훈련 프로그램을 개발하고 실행해야 한다.

그렇다면 CLO는 어떤 일을 할까? 커는 이렇게 이야기한다. "직접 찾아내야 했다. 나의 일은 장애물을 찾아내는 것이었다. 우리는 어떤 식으로 업무를 조직하고 보상 구조를 만드는가?

무엇이 사람들의 소통을 막는가? 보상이나 규범을 어떻게 수정해야 사람들에게 좀 더 큰 동기를 부여할 수 있을까?"[143] 이와 같은 직무 설명은 지금도 유효하다. CLO는 직원들이 발전하고, 적극적으로 참여하고, 효과적으로 소통하고, 궁극적으로 회사의 목표 달성에 이바지할 수 있도록 학습 문화를 구축해야 한다.

그렇다면 사람들은 어떻게 학습할까? 먼저 '학습 스타일'을 생각해보자. 학습 스타일이라는 표현에 따옴표를 붙인 것을 보면 무엇을 강조하려는 것인지 쉽게 이해할 수 있을 것이다.

시각적인 학습 능력을 갖춘 사람인지, 신체적, 언어적, 사회적, 혹은 기타 방식으로 학습하는 데 능숙한 사람인지 알려주겠다고 나서는 테스트가 많다. 하지만 이런 테스트는 모두 도움이 되지 않는 것으로 드러났다. 심리학 저널 『공익을 위한 심리학Psychological Science in the Public Interest』에 발표된 연구는 다음과 같이 결론 내렸다. "교육계에서 학습 스타일에 따라 접근 방법을 달리하는 방식이 엄청난 인기를 끌고 있지만 그 유용성을 뒷받침하는 신뢰할 만한 증거는 매우 부족하다. 우리는 이 둘 사이의 대조가 두드러진다고 생각하고 이 상황이 우려스럽다."[144]

그렇다면 우리는 학습에 관해 무엇을 알고 있을까? 리더의 입장에서 직원에게 동기를 부여하고 더 큰 성과를 내려면 이런 지식을 어떻게 활용해야 할까? 인간의 뇌에는 수많은 학습 과정이 내재해 있다. 매우 이상적인 물리학자나 금융 분석가조차도 뇌의 학습 과정의 영향을 받는다. 신경과학은 학습 과정이 무엇인지, 그 과정이 어떻게 작동하는지 뛰어난 통찰력을 제공한다. 이런 통찰력은 진정한 지적 능력이 아닌 학습 과정이 언제 작용하는지를 식별하는 데 도움이 된다. 통찰력이 있으면 우리의 뇌에 내재한 학습 과정을 좀 더 쉽게 활용하고 필요한 경우 그런 학습 과정을 넘어설 수 있다. 경지에 도달하면 결국 최고의 성과를 이끌어낼 수 있을 뿐 아니라 행복도도 높아진다.

강화 학습의 중요성

우리의 뇌는 자신을 둘러싼 주변 세상의 현재 모습을 계속해서 새롭게 추정하며 통계적으로 패턴을 학습한다. 놀랍게도 뇌는 강화 학습reinforcement learning이라고 불리는 알고리즘을 이용해 이런 작업을 수행한다. 빅데이터를 활용해 비즈니스와 상업 분야에서 혁신을 일으키는 머신러닝 도구의 중심에 서 있는 것이 바로 강화 학습이다.

강화 학습은 예측과 실제 결과를 비교해 '보상예측오류reward prediction error'라고 불리는 두 값 간의 차이를 최소화하는 방식으로 작동한다. 보상 예측 오류가 크다는 것은 곧 이 세상이 예상보다 훨씬 낫다는 뜻이다. 반면, 보상 예측 오류가 적다는 것은 곧 이 세상이 예측과 비슷하다는 뜻이다. 보상 예측 오류가 0이라는 것은 이 세상이 완전히 예측 가능한 상태이며 더 이상 배울 것이 없다는 뜻이다. 이 알고리즘은 매우 효율적이어서 지구상에 존재하는 모든 동물의 행동을 안내하는 길잡이 역할을 할 뿐 아니라 맞춤형 온라인 광고, 자율 주행 자동차, 자율 드론 등을 지원하는 역할도 한다.

1990년대 초반부터 강화 학습이 깨달음을 얻는 순간을 뜻하는 '아하 모먼트aha moment'와는 다르다는 사실이 잘 알려져 있었다. 각 경험은 우리의 행동을 조정하는 데 도움이 되는 정보를 조금씩 더 제공한다. 강화 학습을 통해서 좋은 결과를 얻을 수도 있지만(가령, 작년에 은퇴 저축 계좌에 돈을 납입해 제법 괜찮은 투자 수익을 올렸다면 올해도 열심히 저축할 가능성이 크다)[145] 나쁜 결과가 따를 수도 있다. 수익이 나는 주식은 너무 오래 보유하고 손실이 나는 주식은 너무 빨리 처분하는 성향, 즉 경제학에서 흔히 '처분 효과disposition effect'라고 알려진 현상이 나타나는 것은 강화 학습 때문이다.

평생 학습의 힘

전 세계 인구가 고령화되고 수명이 늘어남에 따라 노화와 관련된 인지 기능 저하 및 치매가 공중 보건 분야에서 중요한 문제로 떠올랐다. 실제로 인지 능력을 개선하는 데 도움이 되는 것처럼 보이는 훈련 방법도 있다. 존스홉킨스대학교 연구진은 흔히 사용되는 두 가지 뇌 훈련 방법의 효과를 연구했다.[146] 그 결과, 기계에서 나오는 불빛 순서를 기억했다가 그대로 따라 누르는 사이먼 게임Simon game 같은 기억력 게임이 작동 기억을 30% 개선한다는 사실을 확인했다.[146] 이 기술은 업무 성과에 매우 중요한 영향을 미친다. 오래된 지식과 습관 이상을 요구하는 새로운 업무를 할 때 이런 기술이 특히 중요하다. 신경과학자이자 공동 저자인 수전 코트니Susan Courtney는 "이번 연구 결과로 미루어 볼 때 이와 같은 특수한 과제가 뇌의 무언가를 바꿔놓고 있는 듯하다"라고 설명한다.

그렇지만 발전된 기술이 결국 삶의 다른 영역에도 영향을 미친다고 주장하는 두뇌 훈련 앱은 주의해야 한다. 펜실베이니아대학교의 신경과학자 조 케이블Joe Kable은 상업용 두뇌 훈련 앱 루모시티Lumosity가 뇌 활동 및 의사 결정에 어떤 영향을 미치는지 알아보기 위해 엄격한 무작위 대조 실험을 진행했다. 연구진은 온라인 비디오게임을 한 사람과 비교했을 때 루모시티 게임을 한 사람들의 뇌 기능이나 자제력이 눈에 띄게 개선되지 않는다는 사실을 발견했다.[147] 뇌 훈련은 특정한 과제를 수행하는 매우 구체적인 능력을 개선하는 데는 도움이 되지만, 인지 기능을 전반적으로 향상시키는 역할은 하지 못한다.

일관성이 핵심이다

구글은 산소 프로젝트를 통해 훌륭한 관리자의 조건에 관한 데이터를 수집하고 실행 가능한 행동 목록 10가지를 만들었다. 인사 부문 수석 부사장을 지낸 라즐로 복Laszlo Bock은 인사 팀 역시 위대한 리더들에 관한 연구를 진행했으며, 그들이 찾아낸 가장 중요한 요소가 무엇인지 공개하면 모두 놀랄 것이라고 이야기했다. "리더는 사람들에게 일관성 있고 공정한 방식으로 의사 결정한다는 느낌을 주어야 하고 예측 가능하게 굴어야 한다. 리더가 일관성 있게 행동하면 팀원들은 엄청난 자유를 맛보게 된다. 일정한 범위 안에서는 원하는 일을 얼마든지 할 수 있다는 사실을 잘 알기 때문이다. 관리자가 두서없이 행동하면 팀원들은 자신이 무엇을 할 수 있는지 결코 깨달을 수 없고 자신의 행동 반경에 큰 제한이 있다고 느끼게 된다."[148]

강화 학습 엔진에 박차를 가하는 도파민

지금까지 인간의 뇌를 좌뇌와 우뇌로 나누어 생각하는 이론과 학습 스타일 이론의 문제점을 살펴봤다. 이번에는 도파민을 파헤쳐보자. 사실 도파민은 사람을 기분 좋게 만들어주는 화학물질이 아니다.

도파민은 실제로 보상이 아닌 동기부여와 관련 있으며 강화 학습에 매우 중요한 역할을 한다. 기대했던 것(아무것도 기대하지 않았음)과 실제로 벌어진 일(예상치 못한 음식) 사이에 긍정적인 불일치가 생길 때 도파민이 분비된다. 기본적으로 도파민은 최근의 경험을 바탕으로 이 세상이 훨씬 더 좋아질 것이라는 신호를 보낸다. 놀라울 정도로 훌륭한 결과를 예측하는 모든 자극이 또 다른 긍정적인 불일치를 만들어낸다. 도파민은 이 세상은 훨씬 더 좋아질 테고, 놀랍도록 좋은 결과를 초래한 이런 행동을 반복해야 한다고 알려준다.

도파민은 뇌에서 분비되는 매우 강력한 화학물질이다. 중독성과 강박적인 행동이 도파민의 위력을 생생하게 설명해준다. 어떤 약물이라도 남용하면 어떤 식으로든 도파민의 신호 체계를 변화시킨다.[149] 코카인과 암페타민 같은 약물을 복용하면 도파민 수치가 증가한다. 그 결과 긍정적인 보상 예측 오류가 확대되고 이 세상을 예상보다 훨씬 나은 곳으로 보게 된다. 바로 이런 방식으로 약물 중독이나 도박이 우리의 뇌를 장악해 중독으로 이어지는 것이다.[150]

도파민에 영향을 미치는 장애를 생각해보면 도파민이 학습에서 얼마나 중요한 역할을 하는지 명확하게 이해할 수 있다. 파킨슨병에 걸리면 뇌에 있는 20만 개의 도파민 뉴런이 점진적으로 퇴행해 결국 기능을 상실하게 된다. 그 결과 파킨슨병의 특징인 떨림과 불안정한 움직임이 나타날 뿐 아니라 학습과 의사 결정 과정에서도 장애가 발생한다.[151]

대개 도파민을 보충하는 약물을 투여하는 방식으로 파킨슨병을 치료한다. 안타깝게도 이 과정을 각 개인의 상태에 맞춰 미세하게 조정하기는 힘들다. 1990년대 말, 도파민 증가 약물 치료를 받은 파킨슨병 환자들에게서 기이한 행동 변화가 나타났다는 사례 보고가 의학 문헌에 등장하기 시작했다.[152] 예를 들면, 도파민 약물 치료를 받은 어느 보수적인 목사는 복권을 사느라 교회 자산을 탕진했다. 도파민 치료가 폭식이나 쇼핑 중독, 심지어 성관계 요구로 이어질 때도 있다.[153]

이와 같은 놀라운 결과로 미루어 볼 때, 우리 뇌에 있는 도파민 기반 강화 학습 엔진이 우리의 성격까지 바꿔놓을 수 있을 정도로 강력한 것이 분명하다. 뒤이어 살펴보겠지만, 이런 학습 엔진은 우리 행동의 거의 모든 측면에 영향을 미친다. 우리가 미처 인지하지 못하고 있을 때 미묘하지만 얼마든지 감지할 수 있는 방식으로 영향을 미친다.

낙관 편향

기분이 좋을 때 긍정적인 예측 오류를 좀 더 자주 범한다는 것을 느껴본 적이 있는가? 좋은 결과가 나올 가능성이 희박하다는 사실을 알면서도 좋은 결과를 기대하게 된다. 낙관 편향optimism bias이라고도 불리는 이 현상은 상황이 좋을 때 좀 더 큰 위험을 감수하는 원인이 되기도 한다.

뉴욕대학교 연구진이 흥미로운 연구를 진행했다. 지역 스포츠 팀 데이터를 분석한 연구진은 패배할 것으로 예상되었으나 승리한 날을 찾아냈다.[154] 이런 날에는 도시 전역에서 복권 구매가 늘어났다. 연구진은 날씨 데이터도 살폈다. 직전에 비해 날씨가 더 맑은 날에도 복권 구매가 늘어났다. 이 연구와 비슷한 다른 연구를 통해 긍정적인 기분이 긍정적인 예측 오류와 더 많은 도박으로 이어진다는 사실을 발견했다. 실제로 복권 구매는 지역 스포츠 팀의 최근 성적 및 최근 날씨를 기반으로 계산한 보상 예측 오류와 선형적인 상관관계를 보인다.

이런 연구를 기반으로 하는 새로운 연구에 따르면, 사람들이 일상에서 느끼는 긍정적인 예측 오류가 매 순간의 행복감을 결정한다.[155] 이 같은 연구 결과가 시사하는 한 가지 중요한 사실은 체계적으로 기대치를 낮추면 더 행복해질 수 있다는 것이다. 기대치를 낮추면 긍정적인 예측 오류가 좀 더 빈번하게 발생하고 짧은 순간 도파민이 폭발적으로 분출되어 이 세상을 이전보다 긍정적으로 바라보게 된다.

5장에서 선택 방안에 관심을 기울이는 정도에 따라 그 선택 방안에 대한 평가가 달라진다고 설명한 바 있다. 관심을 기울이면 기울일수록 경험을 통해 우리가 계산하는 긍정적인 예측 오류를 강화하고 부정적인 예측 오류를 누그러뜨릴 수 있다.[156] UCLA 앤더슨 경영대학원 케이시 모길너 홈스Cassie Mogilner Holmes는 사람들이 주말을 휴가처럼 대할 준비가 되어 있을 때 행복해진다는 사실을 발견했다.[157] 이런 태도를 갖고 있으면 며칠 동안 재미있는 경험에 집중하느라 하기 싫은 일에 덜 집중하게 된다. 긍정적인 예측 오류가 생겨나 월요일에 직장에 복귀할 때도 세상을 조금 더 장밋빛으로 보게 된다. 하지만 안타깝게도 앞서 강화 학습에 대해 배웠듯이 직장에 복귀한 지 며칠이 지나면 사람들은 다시 덜 행복한 사고방식으로 되돌아간다.

이 모든 것이 리더에게는 어떤 의미가 있을까? 먼저 직원과 고객이 리더가 제공하는 정보에 항상 이성적으로 반응하지는 않는다. 그들의 뇌에는 항상 매우 강력한 강화 학습 엔진이 켜져 있어서 교묘하게 습관을 형성하고, 위험을 감수하거나 회피하도록 부추기고, 행복감을 흔들기도 한다.

직장에서 이뤄낸 작은 성취를 자주 칭찬함으로써 강화 학습 엔진을 활용할 수 있다. 와튼스쿨 교수 애덤 그랜트와 프랜체스카 지노Francesca Gino는 관리자로부터 칭찬을 받은 직원들이 더 열심히 일하고 더 뛰어난 생산성을 발휘한다는 사실을 발견했다.[158] 2006년 갤럽은 설문조사를 통해 지난 일주일 동안 업무 칭찬을 받은 적이 있는 직원들이 10~20% 높은 생산성을 보인다는 사실을 알아냈다. 반대로 칭찬받지 못한 직원들은 다음 해에 회사를 떠날 가능성이 잔류 가능성보다 세 배나 높았다.[159] 칭찬은 예상치 못했을 때(긍정적인 보상 예측 오류의 작용), 진심과 진솔한 마음이 담겨 있을 때 큰 효과를 발휘한다. 무엇보다도 잘한 일을 인정하는 데는 비용이 들지 않는다.[160]

후회로부터 얻은 교훈

1950년대에 인기를 끈 텔레비전 드라마 《드래그넷Dragnet》에서 형사 조 프라이데이Joe Friday는 실제로 어떤 일이 벌어졌는지 천천히 정보를 수집해 꼼꼼하게 범죄를 해결했다. 프라이데이는 "저희가 원하는 건 사실뿐입니다, 부인"이라는 유명한 대사를 남겼다.[161] 강화 학습과 유사하다. 하지만 강화 학습이 우리가 무언가를 배울 수 있는 유일한 방법은 아니다. 신경과학 연구를 통해 실제로 하지 못한 경험이나 선택을 했더라면 어떻게 되었을지 상상하는 데 도움이 되는 메커니즘이 밝혀졌다.

다른 선택을 했다면 어떤 일이 벌어졌을지 생각할 때 우리의 상상 속에서는 허구적 학습fictive learning 혹은 반사실적 학습counterfactual learning이 이뤄진다. 이런 학습은 후회의 감정과 연결되어 있는 경우가 많다('그럴 수도 있었을 텐데', '그랬을 텐데', '그래야 했는데' 같은 유형의 생각을 의미한다). 하지만 우리가 고르지 않은 선택지가 훨씬 나았을 수도 있다는 사실을 깨달을 때 이런 학습이 이루어지기도 한다.

허구적 학습은 오직 직접적인 경험을 통해 배우는 것보다 주변 환경에서 습득한 더 많은 정보를 고려하는 데 도움이 된다. 하지만 실제로 관찰한 것과 미래에 벌어질 수도 있는 일 사이에 통계적 의존성이 있는 경우에만 의사 결정을 개선할 수 있다. 다른 방안을 택했을 때 더 많은 돈을 딸 수 있었을 것이라는 사실을 깨달은 뒤 베팅을 바꾸는 도박꾼들의 행동에서 이 같은 현상이 자주 관찰된다. 예를 들면, 룰렛 게임을 하는 사람이 공이 빨간색에 멈춘 것을 보고 나서 검은색에서 빨간색으로 베팅을 옮기는 경우를 들 수 있다. 물론 게임이 공정하게 진행된다면 룰렛 바퀴의 각 회전은 독립적이기 때문에 이런 전략은 효과가 없다.

허구적 학습으로 얻은 정보를 외면하기는 힘들다. 시스템이 우리 뇌에 깊숙이 자리 잡고 있기 때문이다. 원숭이와 쥐를 비롯한 다른 동물들 역시 이전의 결과를 통해 학습한다. 원숭이들에게 룰렛과 비슷한 게임을 시키는 실험을 진행한 적이 있다. 당시 원숭이들은 총 여덟 개의 슬롯 중 어디에서 잭팟이 터질지 베팅을 했다.[162] 원숭이는 다른 방안을 선택하면 더 나았을 것이라는 생각이 들 때마다 베팅을 변경했다. 사람과 마찬가지로 원숭이 역시 허구의 오류가 클수록 베팅을 옮길 가능성이 커졌다.

사람, 원숭이, 쥐는 똑같은 두뇌 메커니즘을 활용해 허구적 정보에서도 교훈을 얻는다. 테리 로렌즈[Terry Lohrenz], 리드 몬터규[Read Montague], 콜린 캐머러 교수는 주식시장 실험을 진행했다. 연구진은 참가자들에게 매 라운드가 시작될 때마다 주식이나 현금 중 어디에 얼마를 투자할지 결정할 시간을 주었다. 그런 다음 참가자들에게 주가가 올랐는지 떨어졌는지 피드백을 제공했다. 이전 라운드에서 주식시장에 더 많은 돈을 투자했더라면 더 좋은 결과를 얻을 수 있었다는 사실을 깨달은 사람들은 다음 라운드에서 더 많은 돈을 주식에 넣었다. 비슷한 과제를 활용한 다른 연구에서도 허구적 학습이 인간의 의사 결정에 강력하고 광범위한 영향을 미친다는 사실이 밝혀졌다.[163]

연구를 통해 좀 더 나은 결정을 내릴 수 있었다는 사실을 알게 되었을 때 흔히 느끼는 후회 및 허구적 학습이 대뇌피질을 구성하는 일부 영역과 관련이 있다는 사실이 밝혀졌다.[164] 이 중 두 영역(전두엽 중앙선을 따라 이어져 있는 전대상피질 위쪽, 전두엽과 측두엽 피질의 주름 아래에 묻혀 있는 뇌섬엽 영역)은 다른 선택을 했더라면 좀 더 나은 결과가 있었을 것이라는 사실을 깨달을 때 자극을 받는다. 전대상피질 내의 단일 뉴런이 원숭이가 다른 선택을 했다면 결과가 얼마나 더 좋았을지에 대한 정확한 신호를 보냈으며,[165] 이런 신호를 통해 다음 라운드에서 베팅을 바꿀 가능성을 예측할 수 있다는 사실도 발견했다.

이런 신호는 강화 학습 엔진으로 전달된다. 앞서 살펴본 것처럼 강화 학습 엔진 자체도 도파민이 직접적인 경험을 바탕으로 생성한 보상 예측 오류에 관한 정보를 제공받는다. 놀랍게도 우리의 신념 체계는 무언가에 중독되어 있을 때도 허구적 학습 신호에 영향을 미치고 변화시킬 수 있다. 흡연자의 뇌는 비흡연자의 뇌와 마찬가지로 강화 학습 회로 속에서 허구적인 오류 신호를 생성한다. 하지만 흡연자는 이런 신호에 반응하지 않고 다른 결정을, 그러니까 흡연을 하지 않았더라면 달려졌을지도 모를 상황을 무시하는 경향이 있다.

이와 같은 분리 현상이 금연이 힘든 이유를 설명하는 데 도움이 될 수도 있다. 어떤 이유에서인지 흡연자들은 '그럴 수도 있었을 텐데', '그랬을 텐데', '그래야 했는데' 같은 정보를 활용해 좀 더 나은 결정을 하는 데 어려움을 느낀다. 이 같은 연구 결과로 미루어 보면 흡연자는 더 나은 투자자가 될 수 있을지도 모른다. 최근 연구에서도 이와 일치하는 결과가 나왔다.[166] 연구진은 똑같은 주식시장 게임을 활용해 흡연자가 돈을 현금에 넣은 후 주식시장이 호황을 누리는 장면을 보게 했다. 흡연자의 뇌 역시 허구적 오류 신호를 보내지만 흡연자들은 다음 거래 때도 투자 결정을 바꾸지 않았다.

강화 학습과 마찬가지로 우리 뇌에 존재하는 허구적 학습 회로는 항상 켜져 있다. 이는 곧 리더, 직원, 팀원, 고객의 행동 및 결정에는 직접적인 경험을 통해서 배운 것뿐 아니라 그들이 선택하지 않은 것, 만약 선택했더라면 일어날 수도 있었을 거라고 상상하는 결과까지 모두 반영되어 있다는 뜻이다.

다시 말하지만, 이런 현상이 반드시 나쁜 것은 아니다. 선택하지 않았거나 상상한 대안으로부터 배우는 능력이 발달하는 데는 다 이유가 있다. 가령, 직접 경험하는 차원을 넘어서서 미래에 좀 더 나은 결정을 내릴 수 있게 해준다는 이유를 생각해 볼 수 있다. 이런 반사실적 사고에 의존해야 할 때가 언제인지 알고 후회라는 감정적 짐에서 벗어나는 것이 올바른 결정을 내리는 데 필요한 열쇠다. 사실 와튼스쿨의 필 테틀록^{Phil Tetlock} 교수와 하스 경영대학원의 로라 크레이^{Laura Kray} 교수는 과거에 일어났을 법한 결과를 많이 상상할 수 있는 사람이 미래 사건이 발생할 확률을 더 잘 예측한다는 사실을 발견했다.[167] 이는 모든 리더가 갖춰야 할 중요한 특성이기도 하다.

트레이더처럼 생각하라

어느 연구진이 참가자들에게 앞서 설명한 연속 투자 게임을 시켰다.[168] 연구진은 먼저 어떤 사람들은 허구적 오류의 영향을 더 강하게 받는 반면, 다른 사람들은 직접적인 강화 학습에 훨씬 더 의존한다는 것을 보여주었다. 놀랍게도 프라이밍 효과를 활용하자 허구적인 정보가 의사결정에 미치는 영향을 줄일 수 있었다. 다시 말해서, 참가자들이 각 결과에 집중하기보다 전체적인 선택 순서와 전반적인 성과에 집중할 수 있는 상태로 만들어두자 허구적인 정보의 영향력이 약화되었다.

본질적으로 가장 좋은 전략은 '트레이더처럼 생각하는 것'이다. 좀 더 구체적으로는, 다음과 같은 사실을 기억해야 한다. "트레이더는 매일 생계를 위해 돈을 걸고 위험을 감수한다. 중요한 것은 최종적으로 수익을 내는 것이다. 포트폴리오 전체를 보면 어디에서 손실이 나고 수익이 나는지는 그리 중요하지 않다. 즉, 일부는 얻고 일부는 잃는 것이다."

이전 연구에 따르면, 이런 조언은 손실 회피 현상을 누그러뜨리는 데도 효과적이다.[169] 트레이더처럼 생각하면 뇌섬엽과 선조체(허구적 오류와 보상 예측 오류가 결합되어 학습과 의사 결정을 유도하는 영역)의 신호가 분리된다. 이 같은 연구 결과를 통해서도 한 걸음 물러서서 속도를 늦추고 전체 그림을 보면 더 나은 결정을 내리는 데 얼마나 도움이 되는지 알 수 있다.

관찰을 통한 학습

인간을 비롯한 일부 사회적 동물은 다른 사람이나 동물을 관찰하고 그들의 경험을 생각하며 교훈을 얻는다. 다른 사람들이나 동물들이 제공하는 풍부한 허구적인 정보는 무언가를 배우고 의사 결정을 개선하는 데 도움이 된다. 다른 누군가의 선택이 그들에게 어떤 영향을 미치는지 지켜보다 보면, 나중에 직접 선택해야 할 때 그 정보를 활용할 수 있다.

이런 종류의 사회적 학습은 인간의 문화와 기술에 매우 큰 영향을 미쳐 한 개인에서 다른 개인에게로, 한 세대에서 다른 세대에게로 정보를 전달하는 데 도움이 된다. 인간의 적응을 돕는 학습의 핵심이기도 하다. 하지만 안타깝게도 이와 같은 사회적 학습은 우리의 의사 결정에 영향을 미쳐 이따금 막대한 경제적 손실을 초래하기도 한다.

이런 현상이 가장 두드러지는 사례로 금융시장에서 나타나는 군집 현상herding을 들 수 있다. 다른 사람들의 결정을 무분별하게 모방할 때 군집 현상이 나타난다. 이웃이 주식시장에서 수익을 내는 모습을 보면 자신이 가진 돈 일부를 투자에 사용할 가능성이 높아진다. 시장은 곧 활발해지고, 다른 투자자들 역시 군집 현상을 보인다. 이런 현상이 반복되면 거품이 형성되어 투자자들이 근본적인 가치 이상으로 주가를 끌어올리게 된다. 물론 거품은 불안정하고 결국에는 터지기 때문에 투자자는 큰 손실을 볼 수밖에 없다.

3장에서 살펴봤듯이, 사회적 뇌 연결망은 다른 사람과의 관계를 관리한다. 전대상피질 아래쪽에 있는 사회적 뇌 연결망의 일부분은 타인이 경험하는 보상 및 처벌에 관한 신호를 보낸다. 이런 신호는 사람들의 공감을 불러일으킬 뿐 아니라 다른 사람들의 경험을 통해 학습하는 데도 도움이 된다. 측두두정 연접부temporo-parietal junction, 배내측 전전두피질dorsomedial prefrontal cortex 등을 포함하는 사회적 뇌 연결망의 두 번째 부분은 타인이 무엇을 원하고, 믿고, 알고 있는지에 대해 생각하는 능력에 영향을 미치며 타인의 행동을 예측할 수 있게 해준다. 과학자들은 연속 주식시장 과제를 수행할 때 이와 같은 '정신화mentalize' 회로를 활성화하면 군집 현상이 발생하고 거품이 형성된다는 사실을 발견했다.

다시 한번 말하지만, 이런 메커니즘은 우리 뇌에 놀라울 정도로 깊숙이 자리 잡고 있다. 우리 연구 팀은 연속 주식시장 게임을 상징적인 형태로 변형해 원숭이들에게 가르쳤다.[170] 원숭이들은 주식 가격을 보고, 보유 주식을 확인한 다음 더 많은 주식을 살지, 가지고 있는 주식을 그대로 보유할지, 현금화할지(물론 돈이 아닌 주스로) 결정했다. 인간과 마찬가지로 원숭이들은 주가가 오를 때 더 많은 주식을 매수하는 경향을 보였다. 또한 원숭이와 인간 모두 다른 투자자와 시장에서 함께 거래할 때 주식을 매수할 가능성이 더 컸다. 우리는 원숭이의 '정신화 신경망mentalizing network' 속에 있는 뉴런이 매수 결정을 예측하며,

주식시장이 아닌 일반 시장에서는 이런 신호가 더욱 증폭된다는 사실을 발견했다.

원숭이마저도 사회적 뇌 연결망의 영향으로 금융시장의 거품에 휘말린다면, 우리는 어떻게 이를 피할 수 있을까? 리더에게는 두 가지 해답이 있다. 첫째, 노력과 훈련이 필요하다. 속도를 늦추고 여러 선택 방안을 비교하고 장기적인 목표를 생각해야 한다. 다시 말해, 트레이더처럼 생각해야 한다(위의 내용을 참고하라). 둘째, 각 업무를 수행하는 데 도움이 되는 재능, 특징, 동기부여 요소는 저마다 다르다. 필요한 인력을 제대로 구성하려면 어떤 업무에 사회적 민감성이 필요한지, 어떤 업무에 사회적 민감성이 방해가 되는지, 이런 역량을 어떻게 측정하는지 이해하는 것이 무엇보다 중요하다.

신경 다양성과 리더십 결정

비즈니스 리더가 내리는 가장 중요한 결정 중 하나는 각 직무에 어울리는 인재를 채용하고 그들이 잠재력을 최대한 발휘할 수 있도록 지원하고 성장 기회를 주는 것이다. 위해서는 각 직무를 수행하는 데 무엇이 필요한지, 개별 직원의 재능, 특징, 동기부여 요소가 무엇인지 이해해야 한다. 이 책에서 살펴봤듯이, 신경과학 분야가 지난 10년 동안 찾아낸 중요한 사실 중 하나는 두뇌가 의사 결정을 하는 방식, 다른 사람과 어울리는 방식, 창의적으로 생각하는 방식은 저마다 다르다는 것이다. 이런 차이는 천성과 양육 환경의 결과다. 개인의 타고난 재능이 환경과 상호작용을 하는 방식이 뇌 구조와 기능에 영향을 미치는 것이다. 이런 재능을 활용하는 방법은 인간의 잠재력을 이해하기 위해 신경과학과 기타 분석 기법을 기꺼이 활용하는 비즈니스 리더에게 엄청난 기회를 안겨준다.

한 가지 예로 금융과 관련된 의사 결정을 들 수 있다. 자폐 스펙트럼에 속하는 사람들은 자폐가 없는 사람들에 비해 뇌의 분할 정규화가 덜한 것으로 나타났다(필요하다면 5장을 다시 살펴보자). 따라서 특정한 착시에 덜 민감하고 재무적 의사 결정과 관련된 프레이밍 효과의 영향을 덜 받는다. 마찬가지로, 자폐의 사회적 장애 정도를 수치로 표현하기 위해 개발된 사회적 민감도 검사에서 낮은 점수를 받은 사람들이 연속 주식시상 실험에서 가장 훌륭한 재무 결정을 내린다는 사실을 발견했다. 이런 현상이 나타나는 것은 다른 투자자들의 성공과 다음 행보에 관한 생각을 덜 하기 때문이다.

이 같은 연구 결과로 미루어 보면, 자폐 스펙트럼에 해당하는 사람들에게는 주식 트레이더나 금융 분석가가 이상적인 직업일 수 있다. 미국 질병통제예방센터Centers for Disease Control and Prevention는 미국에서 태어나는 아동 59명 중 1명이 자폐 스펙트럼에 속한다고 추정한다. 매년 7만 명의 자폐 청소년이 성인이 된다는 뜻이다. 이 중 25세까지 직업을 갖는 인구는 절반에도 못 미친다.[171] 훌륭한 재능이 있지만 아직 일자리를 찾지 못한 인재들을 잘 활용하면 기업들은 앞으로 10년 안에 인력 부족 문제를 어느 정도 완화할 수 있을 것이다. ADHD, 강박증, 양극성 장애를 비롯해 신경적으로 다원화된 다른 부류의 사람들이 가진 독특한 재능과 추진력을 이해하려고 노력하는 기업에게는 분명히 좋은 기회가 찾아올 것이다.

· 리더의 뇌파 ·
꼭 기억해야 할 점

1 우리의 뇌는 시행착오와 후회를 경험하고 타인의 선택을 관찰하는 과정을 통해 학습하도록 설계되어 있다. 이런 과정은 매일 끝없이 진행되며 우리가 미처 인지하지 못하는 사이에 우리가 내리는 결정에 영향을 미친다.

2 파블로프처럼 종이 울릴 때마다 개한테 먹이를 주든, 혁신적인 아이디어를 내놓을 때마다 직원에게 보상을 제공하든, 일관성은 빠르게 학습하고 조정하는 데 도움이 된다.

3 기대했던 것보다 약간 더 좋은 결과가 나오면 우리는 더 행복하고 낙관적인 태도를 갖게 된다. 좋은 결과와 경험에 집중하고 나쁜 결과와 경험을 무시하면 이런 긍정적인 예측 오류가 증폭된다.

4 후회와 허구적 학습이 자신의 결정에 미치는 영향을 최소화하도록 트레이더처럼 생각하라. 속도를 늦추고, 심호흡을 하고, 장기적인 관점을 가져야 한다.

5 훌륭한 리더가 되려면 훌륭한 사회적 기술이 필요하다. 하지만 다른 사람들의 선택에 지나치게 주목하면 군중심리가 작용한다는 사실을 기억해야 한다.

6 신경적인 측면에서 다원화된 인재들은 특정 직무에서 남들보다 뛰어난 성과를 낼 가능성이 있다. 그럼에도 이들의 역량이 제대로 활용되지 않는 경우가 많다. 직무에 잘 어울리는 직원을 채용하고 그들이 잠재력을 최대한 발휘할 수 있도록 성장 기회를 주자.

제 7 장

비즈니스 뇌과학의 미래

The Future of Brain Science in Business

뇌의 기능을 최대한도로 높이려면

　　　　　　뉴욕 양키스와 LA 다저스의 월드 시리즈
7차전이다. 양키스의 선발투수가 9회 말 투구를 위해 마운드
에 오른다. 투수는 컨디션이 좋아 보이고 스스로도 기분이 좋
다고 말한다. 하지만 모자에 달린 소형 뇌파 측정기와 심박수
와 땀 상태를 추적하는 셔츠용 스마트 센서가 작동시킨 알고
리즘은 감독에게 경고를 보낸다. 투구 수가 적지만 선발투수
는 정신적 피로 때문에 산만해졌다. 감독은 선발투수를 내려
보내고 불펜에 연락해 구원투수를 올려보낸다. 뇌파 측정기가
경기를 우승으로 이끌었다. 실제로 이 경기가 열렸던 시즌에
양키스는 뇌파 측정기 덕에 우승을 거머쥐었다.

　터무니없게 들릴 수도 있다. 하지만 절대 그렇지 않다. 신경

과학자들은 계속해서 새로운 기술을 개발하고, 새로운 사실을 발견하고, 연구 결과를 적용할 새로운 방법을 찾아내고 있다. 따라서 우리는 직장에서 성과를 개선하고 가정에서 행복도를 높이는 데 도움이 되는 이런 도구를 활용하는 방법을 혁신적으로 발전시켜나갈 수 있게 되었다. 7장에서는 신기술과 알고리즘, 빅데이터의 결합으로 발전을 거듭하고 있는 신경과학 분야에서 어떤 흥미로운 변화가 나타나고 있으며 어떤 결과가 나타날지 살펴볼 것이다. 이런 변화가 윤리, 법, 사회에 어떤 영향을 미치는지도 살펴보고 나날이 발전하는 모범 사례도 소개할 것이다.

개인, 팀, 기업의 성과가 개선되는 가운데 공정하고 공평하며 투명한 방식으로 새로운 통찰력과 기술을 적용하기 위해 우리 사회가 고민해야 할 몇 가지 중요한 문제가 수면 위로 떠올랐다.

뇌를 위한 핏빗

뇌 활동을 관찰하고 조작하는 신기술이

발달하고 데이터를 분석하는 새로운 계산 도구가 발달함에 따라 뇌과학도 함께 발전해왔다. 머지않아 기업들은 인간의 잠재력을 활용하기 위해 기존 기술을 웨어러블wearable 기기에 담을 것이다.

앞서 뇌파 측정기에 관한 이야기를 했다. 뇌파 측정기는 1924년부터 실험실과 병원에서 사용되어왔다. 뇌파 측정기는 비침습적으로 뇌를 관찰하는 데 효과적이지만 크기, 축축함(일반적인 뇌파 측정기를 사용하려면 전도성 젤이 필요하다), 설정 시간, 비용 때문에 용도가 제한적이었다. 하지만 지난 10년 동안 기술과 디자인이 대거 개선되어 소비자들이 직접 뇌파 측정기를 착용한 채 일상생활을 하면서 뇌 신호를 확인할 수 있게 되었다.

이 책에서는 스포츠 연구에 상당한 관심을 가졌다. 스포츠가 비즈니스와 인생에 도움이 되는 훌륭한 실험의 장이라고 믿기 때문이다. 먼저, 운동 결과는 객관적으로 측정하기 쉽다. 성과가 조금만 개선되어도 승패, 잘못된 선수에 대한 투자, 팀워크가 없는 선수 라인업 등 여러 측면이 엄청난 영향을 받게 된다.

빅데이터는 야구의 코칭 설정을 크게 변화시켰으며 이후 다른 스포츠 분야에서도 비슷한 변화가 나타났다. 영화《머니

볼》같은 접근 방법은 이전 경기 통계 자료를 이용한 모델을 근거로 선수 영입, 훈련, 라인업 구성에 관한 결정을 내리는 데 도움이 된다. 앞으로는 인지적 성향 및 정서적 성향(이를 '신경 머니볼Neuro-Moneyball'이라고 불러도 괜찮을 듯하다)에 관한 객관적 지표를 제공하는 신경과학 데이터(기타 생물학적 정보와 함께)가 한층 더 나은 코칭 결정을 내리는 데 유용한 근거가 될 수 있다. 소형화, 이동성, 경제성이 발전하면 감독이 특정 선수의 성적이 언제 정점을 찍을지, 영입 후보 중 어떤 선수가 압박을 느낄 때도 좋은 성적을 낼 가능성이 가장 높은지 판단할 수 있게 된다.

우리 연구 팀은 앞서 2장에서 언급했듯이 펜실베이니아대학교 조정 선수에 관한 연구를 진행했을 뿐 아니라 직접 개발한 웨어러블 뇌파 측정기를 활용해 영국 프로 축구팀 선수들의 상태를 측정했다. 훈련 중 선수들의 집중력, 압박감을 느낄 때 스트레스를 민감하게 받아들이는 정도, 상대를 예측하고 그보다 앞서 나가는 능력 등을 평가했다. 예비 분석 결과, 이런 데이터 중 일부는 실제 경기력을 예측하는 데 도움이 되는 것으로 나타났다. 이 글을 쓰는 현재, 우리 연구 팀은 극단적인 신체 피로가 의사 결정과 경쟁심의 근거가 되는 신경 신호에 어떤 영향을 미치는지 확인하기 위해 펜실베이니아대학교 레슬링 팀과 함께 연구를 진행 중이다.

비즈니스 분야에서는 똑같은 데이터를 직무 배치, 채용 결정, 훈련, 개발, 신규 직원 교육, 팀 관리 등에 활용할 수 있다. 물론 윤리적인 측면에서 고민해야 할 부분이 많으며, 관련 내용은 뒷부분에서 살펴볼 생각이다.

하지만 신경과학과 빅데이터 분석의 영향력이 기업 경영과 관련된 결정에만 국한되는 것은 아니다. 고객 경험, 브랜드 전략, 심지어 재무 같은 분야에도 영향을 미친다. 예를 들면, 우리 연구 팀은 유럽의 대형 B2B 소프트웨어 기업과 함께 연구를 진행했다. 무역 박람회에 참여한 포커스 그룹을 대상으로 실험을 진행한 결과, 사람들이 어떤 부스를 방문할지 어떤 활동을 할지, 어떤 기조연설이 가장 흥미를 끌지 예측하는 데 뇌파 데이터가 도움이 된다는 사실을 발견했다. 지금은 콘퍼런스가 끝난 후 참가자들에게 이메일을 보내는 방법이 가장 흔히 사용된다. 하지만 이 방법은 고객 경험을 제대로 파악하는 데 도움이 되지 않는다. 이제 우리는 사회적 상호작용이 다른 어떤 전시회 경험보다 큰 영향을 미치며 일부 연사는 기조연설에 투자할 가치가 없다는 흥미로운 결과를 얻었다.

웨어러블 센서 기술에는 정신 건강 분야에 일대 혁신을 몰고 올 뚜렷한 잠재력이 있다. 의료용 웨어러블 기기는 가정에서 아동의 발작이나 정신 건강 상태를 살피는 데 사용될 수 있다. 가령, 불안이나 우울증을 나타내는 정신 상태 변화를 추적할 수 있고 정신 질환 약물 치료에 관한 객관적인 데이터를 제공할 수도 있다. 예를 들어, 우리 연구실에서는 뇌파 데이터와 동공 반응, 심박 변동성, 피부 전도성을 결합한 알고리즘을 활용해 겉으로 드러나지 않는 불안을 약 84%의 정확도로 찾아낼 수 있다. 뇌 데이터를 통해 참가자들이 어떻게 스트레스에 대처하는지 좀 더 심층적인 통찰력도 얻을 수 있다. 참가자들이 직접 보고한 이야기만으로는 놓치기 쉬운 정보를 습득할 수도 있다. 뉴로플로NeuroFlow는 크리스 몰라로Chris Molaro와 애덤 파르데스Adam Pardes가 설립한 온라인 건강 플랫폼 스타트업으로 와튼스쿨에서 분사되어 나왔다. 뉴로플로는 뇌파 측정 데이터와 기타 생체 데이터를 수집해 지속적으로 생성되는 의료 기록 및 심리 치료 기록과 통합한다. 이런 데이터는 의료진이 환자에게 좀 더 유익한 결정을 내리는 데 도움이 될 뿐 아니라 환자가 치료를 받는 과정에서 뇌에 어떤 변화가 나타나는지 좀 더 깊이 이해하는 데 도움이 된다.

웨어러블 센서뿐 아니라 1970년대부터 발달해온 삽입형 기술 역시 상당히 발전했다. 뇌 기계 인터페이스brain-machine interface, BMI와 뇌 컴퓨터 인터페이스brain computer interface, BCI를 통해 원숭이가 로봇팔을 제어하고 신체가 마비된 사람이 화면의 커서를 움직일 수 있게 되었다. 2012년에는 마비 환자의 운동 피질에 초소형 장치를 이식하는 연구가 진행되었다. 그 결과, 마비 환자는 로봇 팔의 움직임을 지시해 커피를 마시는 동작 같은 미세 운동 기술을 상당히 정밀하게 수행할 수 있게 되었다. BMI와 BCI가 이동성과 자율성을 제한하는 운동 장애를 가진 사람들의 삶을 변화시킬 수 있다.

와튼스쿨 졸업생이자 세계적인 기업가 일론 머스크는 이 기술을 한 단계 더 발전시키고자 한다. 머스크는 2016년에 뉴럴링크Neuralink를 설립했으며 3년 후의 뇌 활동을 기록하고 자극할 수 있는 마이크로칩을 공개했다.[172]

궁극적인 목표는 칩과 인공지능을 연결하고 뇌와 인터넷을 직접 연결해 수동 사용자 인터페이스 없이 원하는 대로 정보를 업로드하거나 다운로드할 수 있도록 만드는 것이다.

신경과학자들은 이런 아이니어의 실현 가능성에 상당히 회의적인 반응을 보인다. 하지만 이런 아이디어는 인간과 다른 동물의 뇌가 새로운 신호를 받아들이고 그 정보를 바탕으로 행동을 결정한다는 확고한 과학적 근거를 기반으로 나왔다. 듀크대학교에서 나와 함께 연구했던 BMI 부문 선구자 미겔 니콜렐리스Miguel Nicolelis는 쥐의 머리에 적외선 센서를 이식해 뇌에 연결하는 실험을 진행했다. 센서 활성화를 먹이와 연관 짓도록 훈련시키자 쥐는 사실상 열을 '보는' 능력을 갖게 되었다. 원래 쥐에게는 이런 능력이 없다. 단순한 열 센서를 방대한 인터넷으로 확장하는 것이 지나친 비약처럼 느껴질 수도 있다. 하지만 어쩌면 그리 터무니없는 생각이 아닐 수도 있다.

뇌를 11단계까지 끌어올려라

더 나은 뇌를 돈으로 살 수 있을까? 두뇌를 좀 더 명석하게 만들어주고, 기억력과 집중력과 조절력 개선에 도움을 준다고 주장하는 약물과 뇌 기능 개선제가 시장에 넘쳐난다. 또 많은 사람들이 이런 제품을 구매한다. 약을 먹거나 매일 오전에 전기 자극기만 잠깐 착용하는 것만으로 많은 일을 비교적 짧은 시간 안에 좀 더 훌륭하게 해내고, 더 뛰어난 결정을 내리고, 긴장되는 회의 시간이나 통화 중에도 평정을 유지할 수 있게 된다면 어떨까? 1984년에 공개된 페이크 다큐멘터리 《이것이 스파이널 탭이다This Is Spinal Tap》에 등장한 나이절 터프넬Nigel Tufnel의 대사를 조금 바꿔보자. 과연 우리는 뇌를 11단계로 끌어올릴 수 있을까?

나이절은 10단계가 아니라 11단계까지 최대 출력이 올라가는 마샬 기타 앰프 이야기를 했다. 실제 출력은 다른 앰프와 같았지만 나이절은 이 기타 앰프의 소리가 일반 앰프보다 크다고 믿었다. 기능을 개선한다고 주장하는 뇌 기능 개선제의 성능을 평가할 때도 이와 같은 중요한 개념을 염두에 두어야 한다. 뇌 기능 개선제가 단순히 인지 기능이 향상되었다고 생각하게 만드는 역할을 하는 것뿐이라면 기껏해야 위약을 복용한 것에 불과하다. 물론 위약 효과가 강력할 수도 있다. 하지만 실제로는 효과가 없는 뇌 기능 개선제에 시간과 돈을 투자하고 싶어 하는 사람은 많지 않을 것이다.

이런 주의 사항을 감안하더라도 뇌 기능을 자극하고 조작하는 기술의 측면에서 신경과학이 흥미로운 발전을 이뤄내고 있는 것은 분명하다. 이런 발전은 대개 건강한 사람늘의 기능을 개선하는 것보다 상실하거나 손상된 기능을 회복하는 데 초점이 맞춰져 있다. 예를 들면, 경두개자기자극법transcranial magnetic stimulation, TMS은 강한 자기장을 이용해 뇌에 전류를 유도하는 기술이다. 이 전류는 특정 뇌 영역을 활성화시키거나 비활성화시킬 수 있다. 이런 변조는 뇌 하부 영역으로 파급되고, 뇌는 이런 치료에 반응해 영구적인 변화를 만들어낼 수 있다. TMS가 우울증, 편두통, 통증 관리, 기타 신경 장애에 미치는 영향에 관한 연구도 진행되고 있다. TMS 치료가 항상 효과적인 것은 아니다. 또한 값이 비싸고 의료용으로만 사용하도록 제한되어 있다.

반면, 경두개직류자극술transcranial direct-current stimulation, tDCS은 두피에 직접 미세한 전류를 전달해 두뇌 활동을 변화시킨다. tDCS는 기본적으로 머리에 배터리를 연결하는 것과 같은 방법이다. DIY 커뮤니티에서도 tDCS를 이용한 실험이 활발하게 진행되고 있다. 물론 tDCS가 어떻게 작용하는지를 둘러싼 논란도 있다. tDCS가 자극이 가해지는 뇌 부위의 활동에 직접적인 영향을 미치는 건지, 아니면 각성 시스템을 활성화하거나 비활성화해 좀 더 광범위하고 전반적인 영향을 미치는 건지 여전히 논쟁이 활발하다. 임상적으로는 우울증, 조현병, 실어증, 중독, 간질, 만성 통증(편두통, 섬유 근육통), 주의력 결핍 장애, 운동 장애 등을 치료하기 위해 tDCS가 사용되고 있다. 가장 인기 있는 소비자용 tDCS 기기는 헤일로Halo다. 헤일로는 뇌의 운동 영역과 근육 간의 연결을 강화해 운동선수의 신체 능력을 향상시키고, 소근육의 움직임을 개선해 음악가의 악기 연주 능력을 발전시킨다고 주장한다. 이를 금융과 비즈니스 분야에도 다양한 방식으로 접목할 수 있다. 예를 들어, 전두엽에 tDCS를 적용하면 위험 선호도를 변화시키고 불공정한 제안에 대응하는 방식을 변화시킬 수 있다.

이미 사용할 수 있거나 개발 중인 기술 중에도 일반인이 자신의 뇌 기능을 직접 조작하는 데 도움이 되는 것들이 있다. 성과 개선에 도움이 되는 것도 있고 그렇지 않은 것도 있다. 성과 개선에 도움이 되는 사람들은 그 기술을 활용할 것이다. 개인으로서, 하나의 사회로서 우리는 질문을 던져야 한다. 정말 활용해야야 할까? 만약 그렇다면, 어떤 조건에서 활용해야 할까? 성과 개선을 위해 신경과학 연구 결과를 활용할 수 있다면, 어떻게 경쟁의 장을 공정하게 만들 수 있을까?

『마이너리티 리포트』가 주는 교훈

비즈니스 분야에서 성과를 개선하기 위해 신경과학을 활용해도 괜찮을지 살펴보려면 어떻게 해야 할까? 필립 K. 딕Philip K. Dick이 1956년에 쓴『마이너리티 리포트』(폴라북스, 2015)는 매우 도발적이고 선견지명이 있는 단편소설이다. 이 소설의 배경은 2054년이다. 2002년에 공개된 동명의 영화에서 톰 크루즈Tom Cruise가 연기한 존 앤더튼John Anderton은 범죄를 예측해 워싱턴 D.C.에서 일어나는 살인 사건을 완전히 없애는 데 성공한 엘리트 치안 팀 프리크라임Pre-crime에 합류한다. 프리크라임에는 미래의 범죄를 예측하는 초능력자 세 명이 있다. 이들이 예지력을 통해 확인한 장면을 공유하면 프리크라임 팀원들이 범인을 식별하고 체포한다. 하지만 예지자들이 항상 옳을까? 만약 그렇지 않다면, 얼마나 많은 무고한 시민이 감옥에 갇히게 될까?

이 이야기의 핵심은 하나의 사회인 우리가 무엇을 가치 있게 여기느냐는 것이다. 이 질문은 신경과학을 비즈니스, 법률, 최고 성과에 적용하는 방안을 고려할 때 우리 연구진이 던지는 질문과 같다.

1966년 8월 1일, 전직 해병 찰스 휘트먼Charles Whitman은 소총을 비롯한 온갖 무기를 챙겨 오스틴에 있는 텍사스대학교 본관 전망대에 자리를 잡았다. 휘트먼이 제압당해 사망하기 전까지, 총 1시간 30분가량 진행된 그의 무차별적 총격으로 14명이 목숨을 잃고 31명이 부상당했다. 휘트먼의 시체를 부검한 결과, 감정 조절에 커다란 영향을 미치는 편도체 근처 백질에 뇌종양이 있는 것으로 밝혀졌다.[173] 종양이 휘트먼의 폭력적인 충동을 유발하거나 강화했을 가능성이 있을까? 종양을 좀 더 일찍 발견했더라면 이런 비극을 피할 수 있었을까?

1960년대에는 뇌종양이 있는지 비침습적으로 확인할 방법이 없었다. 물론 이제는 MRI와 CT 검사 덕분에 다양한 뇌 기능을 확인할 수 있다. 이런 검사를 활용하면 폭력을 유발할 가능성이 있는 심각한 신경학적 문제를 찾아낼 뿐 아니라, 성과에 영향을 미치는 뇌 구조와 특징도 살펴볼 수 있다.

윤리적인 행동도 고려해야 한다. 최근 역사를 돌아보면 CEO와 다른 비즈니스 리더가 불미스럽고 비도덕적인 행동으로 기업 이미지와 사회복지에 심각한 타격을 주고, 궁극적으로 재무 성과에까지 악영향을 미친 사례가 넘쳐난다. 이제는 사라진 의료 벤처기업 세라노스Theranos의 설립자이자 CEO 엘리자베스 홈즈Elizabeth Holmes 같은 인물이 다시는 나타나지 못하도록 해야 하는 것 아닐까? 세라노스가 공개한 획기적인 혈액 검사 기술이 자금력을 앞세운 사기로 밝혀진 뒤 증권거래위원회Securities and Exchange Commission가 대규모 사기 혐의로 홈즈를 고발한 바 있다.

하지만 우리가 대답해야 할 더 큰 질문이 있다. 정말 우리가 그럴 수 있을까? 최근 연구에 따르면 이 질문에 대한 답은 '그렇다'이다.[174] 펜실베이니아대학교 영상의학과와 와튼스쿨 법학과의 마크 코치코프스키Mark Korczykowski, 존 디트레John Detre, 다이애나 로버트슨Diana Robertson은 MBA 지원자의 두뇌와 도덕적 발달에 관해 연구했다. 연구진은 학생들을 상대로 도덕적 추론 능력 검사를 진행했다. 자신과 타인에게 영향을 미칠 수 있는 결정을 내릴 때 무엇을 고려하는지에 초점을 맞춘 검사였다. 연구 과정에서 복내측 전전두엽피질ventromedial prefrontal cortex과 편도체의 관계를 살펴본 결과, 도덕적 추론 능력이 높을수록 둘의 관계가 긴밀한 것으로 밝혀졌다. 이는 곧 상충하는 도덕적 딜레마를 처리하는 능력이 개선되었음을 뜻한다. 이 둘 간의 강한 연결성 때문에 일부 MBA 학생들의 도덕적 추론 수준이 높게 나타나는 것인지, 반대로 높은 수준의 도덕적 추론을 훈련한 결과 연결성이 강해진 것인지는 아직 밝혀지지 않았다. 이는 더 나은 리더를 양성하기 위해 도덕적 추론에 관한 교육과 훈련을 활용하는 것이 좋을지 판단하는 데 매우 중요한 질문이다.

이런 연구 결과로 미루어 볼 때, 간단히 뇌를 스캔하는 것만으로도 올바른 도덕적 결정을 내릴 의지나 능력이 부족한 사람을 찾아낼 수 있을지도 모른다. 이런 연구 결과를 생각하면 '경영자가 되기에 적합한 인물인지 판단하기 위해 뇌 스캔을 평가 과정에 포함해도 되는가?'라는 흥미로운 질문이 떠오른다. 물론 뇌 스캔을 받게 될 사람들의 개인정보를 둘러싼 더 많은 질문이 대두될 가능성이 높다.

MRI와 CT 스캔 비용은 시간당 약 5백~1천 달러로 매우 비싸다. 하지만 대기업의 경우에는 경영자의 결정이 수백만 혹은 수십억 달러, 수천 명 직원의 생계, 수천 명 환자의 건강을 좌지우지한다. 이를 고려하면, MRI나 CT 스캔 비용은 그다지 비싼 편은 아니다.

우리의 현재 상황

오늘날 우리는 사람들을 실험실로 데려가 뇌파 측정기와 시선 추적기를 착용하게 만든다. 그다음 광고를 보여주거나 음악을 들려주고는 반응을 확인해 티켓 판매량과 다운로드 수를 예측한다. 표본과 전체 시장에 대한 통찰력을 얻을 수 있는 것이다. 이런 통찰력은 특정한 소비자를 공략하고 더 넓게는 비즈니스를 수행하는 데 도움이 된다. 과연 우리가 선을 넘고 있는 것일까?

마케팅 분야에서 신경과학을 활용하는 것에 대한 우려가 점점 커진다. 구매 결정이 이뤄지는 방식에 관해 연구진의 이해도가 높아지고 소비자 행동을 제어하는 기술이 나날이 발전한다. 이런 변화로 인해 마케터들이 소비자의 '구매 버튼'을 너무세게 눌러 소비자가 원치 않거나 필요하지 않은 물건을 구매하게 될지도 모른다는 의견이 나오고 있다.

예를 들어, 현명한 마케터들은 신경과학 광고와 포장지의 매력도를 높이기 위해 신경과학 데이터를 활용한다. 앞서 설명했듯이, 마케터들은 치약에서 텔레비전에 이르기까지 모든 것을 좀 더 많이 팔기 위해 미소 띤 얼굴을 비롯한 온갖 방법을 동원해 사회적 뇌 연결망을 활성화할 수 있다. 다양한 로고와 패키지 디자인, 지면 광고, 디지털 광고를 보는 사람들의 바이오마커biomarker(인간의 체내에 있는 다양한 물질을 이용해 신체 변화를 알아낼 수 있는 지표−옮긴이)도 측정해 가장 효과적인 마케팅 방법을 찾아낸다.

인간의 신경학적 인지 과정을 활용하는 신경마케터neorumarketer는 동의한 사람들로부터 이런 데이터를 수집한다. 하지만 눈에 덜 띄는 방식으로 정보를 수집하는 기술이 발달함에 따라 이런 현상이 달라질 수도 있다. 지난 10년 동안 개인정보 보호 및 동의 규정을 위반해 사회적으로 커다란 파문을 일으켰던 사건 중 하나로 케임브리지 애널리티카Cambridge Analytica 사건을 들 수 있다. 지금은 사라진 영국의 정치 컨설팅 기업 케임브리지 애널리티카는 디스이즈유어디지털라이프This is Your Digital Life라는 앱을 이용하도록 단 27만 명의 사용자를 유인했다. 하지만, 그 과정에서 무려 8,700만 명에 달하는 페이스북 사용자의 개인 데이터를 확보했다. 앱을 설치한 27만 명의 사용자는 정보 공유에 동의했지만 8,700만 명의 사람들은 정부 사용을 허락한 적이 없있다. 케임브리지 애널리티카는 이 데이터를 기반으로 사용자의 성격을 심층적으로 파악해 관련 정보를 정치 단체에 팔아넘겼다. 2016년에 대선에 출마한 트럼프가 이 정보를 활용해 유권자 집단을 효과적으로 공략했다.

와튼스쿨 마케팅 교수 기디언 네이브Gideon Nave는 케임브리지 애널리티카와 같은 데이터에 접근해 이 데이터가 성격 예측에 얼마나 효과적인지 보여주었다.[175] 네이브는 페이스북 사용자가 '좋아요'를 누른 노래 딱 세 곡만으로 다섯 가지 주요 차원과 관련된 성격 유형을 정확하게 예측할 수 있었다('좋아요'를 눌러도 성격을 드러내는 디지털 발자국을 남기지 않을 수 있다고 생각했는가?). '좋아요'를 누른 노래 10곡을 알게 되면, 네이브는 당신의 동료들보다 더욱 정확하게 당신의 행동을 예측할 수 있다. 만약 당신이 '좋아요'를 누른 노래 300곡에 대한 정보가 생기면 네이브는 당신의 배우자보다 더욱 정확하게 당신의 모든 것을 예측할 수 있다. 네이브는 예측한 성격 유형을 토대로 대중이 어떤 브랜드를 선호하는지 어떤 음악을 선호하는지 정확하게 예측했다. 사람들은 온라인 공간에 자신이 선호하는 것을 공유한다. 많은 사람이 기꺼이 제공하는 '동의'가 바로 이런 식으로 사용된다. 정보가 어떻게 사용되는지 알지도 못하고 정보 사용에 동의해온 것이다.

이 모든 예시는 두 가지 질문으로 귀결된다. 우리는 얼마나 멀리 갈 생각인가? 그곳에 도착하면 멀리 왔다는 사실을 알 수 있을까? 문제는 다른 데이터와 마찬가지로 신경과학 데이터 역시 은밀하게 사용될 수 있다는 것이다. 하지만 페이스북 사례가 보여주듯, 투명성과 사전 동의가 있더라도 너무 멀리 가서는 안 되는 것 아닐까? 인식이 반드시 행동 변화로 이어지지 않는다는 사실을 우리는 이미 잘 알고 있다.

그렇다면 무엇이 데이터의 올바른 활용이고 무엇이 그렇지 않은지를 우리가 과연 가려낼 수 있을까?

인간의 정신을 확장할 수 있을까?

우리 연구진은 디지털 발자국(개인이나 회사가 온라인에서 활동하는 동안 생성되는 고유한 데이터의 흔적—편집자)이든 뇌파 측정기든 소비자를 효과적으로 공략하고 설득하기 위해 데이터를 활용하는 것은 좋은 방법이라고 생각한다. 적시에 적합한 사람에게 직절한 제품을 제공하면 회사에 이익이 될 뿐 아니라 소비자도 시간과 비용을 절약할 수 있다. 소비자가 자신을 더 행복하게 만들어줄 제품을 찾는 데도 도움이 될 수 있다. 무언가를 사용하도록 누군가를 설득했더라도 당사자가 마음에 들지 않으면 다시 구매하지 않을 가능성이 크다. 이것이 바로 우리 뇌가 활용하는 도구 가운데 아주 오래된 단순한 강화 학습이다.

다만, 효과적인 광고에 관한 신경과학 연구 결과를 활용해 불필요한 제품이나 서비스를 구매하도록 사람들을 부추길 필요는 없다. 똑같은 데이터를 공익을 위해 활용할 수도 있다. 최근 영세 사업가에게 대출 서비스를 제공하는 국제 비영리 단체 키바Kiva 웹사이트에 게재되는 소액 대출 광고에 관한 연구 결과가 공개되었다. 웃는 사람이 등장하는 광고가 사회적 뇌 연결망을 활성화해 훨씬 더 많은 자본을 끌어들이는 데 유리한 것으로 밝혀졌다.[176] 하지만 키바는 여전히 광고에 찡그린 얼굴을 등장시킨다. 이런 광고가 돈을 빌리려던 사람의 마음을 바꿔놓을 수 있다는 사실을 알면서도 키바가 계속 이런 광고를 이용하는 이유가 무엇인지 궁금하다.

3장에서 펜실베이니아대학교 애넌버그 언론대학에서 진행한 연구를 언급했다. 해당 연구를 진행한 에밀리 포크는 사람들이 좀 더 건강하게 행동하도록 설득하기 위해 신경마케팅을 활용했다.[177] 당시 포크는 금연, 운동, 건강한 식습관을 장려하는 공익광고를 시청하는 사람들의 뇌 데이터를 연구했다. 그 결과다양한 유형의 광고가 자기 관련성 및 긍정적 동기에 관여하는 뇌 부위에 각기 다른 영향을 미친다는 사실을 발견했다. 포크는 이 연구 결과를 토대로 광고 클릭률을 예측할 수 있었다. 그런 다음, 효과가 극대화되도록 광고를 최적화했다.

이런 방법을 활용하면 뇌가 원치 않는 정보를 좀 더 잘 받아들이게 만들 수 있다. 하지만 포크는 연구를 한 단계 더 발전시켜 최적화된 공익 광고와 같은 역할을 할 수 있는 정신 확장mind-expanding 훈련을 고안했다.[178] 연구 데이터는 상당히 설득력 있다.

첫 번째 훈련은 긍정하기affirmation다. 연구진은 참가자들에게 가족, 종교, 공동체 등 자신에게 가장 중요한 가치를 생각한 다음 그 가치가 어려운 시기를 헤쳐 나가는 데 어떤 도움이 되었는지 생각해보라고 요구했다. 두 번째 훈련인 연민 준비compassion priming 단계에서는 참가자들에게 특정한 인물을 위해 반복적으로, 생생하게 무언가 좋은 일이 생기도록 기원할 것을 요청했다. 두 방법 모두 자기 참조self-reference 및 정보 평가에 관여하는 뇌 영역이 건강에 관한 메시지를 좀 더 적극적으로 수용할 채비를 갖추는 데 도움이 되었다. 프라이밍 효과는 일시적이지 않았다. 당시 참가자들은 실험실에서 진행된 프라이밍 활동이 끝난 후에도 몇 달 동안 활동 모니터를 착용하고 있었다. 포크는 프라이밍 활동을 진행할 당시 참가자들의 뇌가 활성화된 정도를 근거로 각 참가자가 건강 메시지를 얼마나 효과적으로 받아들이는지 판단했다. 그런 다음, 그 데이터를 기반으로 각 참가자가 얼마나 열심히 운동할지 예측했다. 놀랍게도 일부 참가자는 무려 3개월 동안이나 운동에 열의를 보였다.

이런 종류의 프라이밍 기법은 듣고 싶지 않은 정보를 외면하는 본능적인 성향을 극복해 좀 더 건강한 습관을 들이는 데 도움을 준다. 하지만 그것이 전부가 아니다. 프라이밍 기법을 활용하면 직원들이 조직 변화, 예산 감축, 곧이어 실행될 합병 같은 소식을 좀 더 우호적으로 받아들이게 된다(우호적이지는 않더라도 적어도 적대적인 반응은 줄어든다).

열심히 운동하고, 담배를 끊고, 건강한 식습관을 갖도록 사람들을 설득하는 것이 바람직하다는 주장에 반대할 사람은 없을 것이다. 하지만 건강하지 않은 활동을 하며 완전한 행복을 느끼는 사람도 있다. 물론 이런 행동으로 나머지 사람들이 감당해야 할 재정적·사회적 비용을 줄일 수 있는 만큼 경제적인 측면에서 바람직하다는 주장도 있다. 이와 같은 갈등을 생각하면 사회에 도움이 되는 것과 개인의 자율성 사이의 균형점을 찾는 것은 매우 중요하다. 2008년 금융 위기와 2020년 팬데믹으로 경기 침체가 찾아왔을 때 회사를 위해 임금 삭감을 받아들이도록 경영진이 직원을 설득하는 일이 벌어졌다. 설득의 정도를 결정할 때도 조직과 개인 사이의 균형을 잡는 과정이 필요하다.

선을 넘었다는 사실을 어떻게 알 수 있을까?

현장에서 일하는 실무자들이 사회나 기업에 좋은 것과 개인에게 좋은 것 사이에서 균형을 찾기 시작했다. 비교적 최근에 생겨난 신경법학neurolaw(뇌 과학과 법학을 아우르는 신생 학문-옮긴이) 분야에서 활동하는 실무자들과 학자들은 법률 분야에서 신경과학을 어떻게 활용해야 할지(그리고 사용하지 말아야 하는지) 고민 중이다. 아직 정해진 표준은 없다. 교육이나 의학 같은 다른 분야도 마찬가지다.

하지만 신경표준neurostandard을 마련한 업계도 있다. 광고 연구 재단Advertising Research Foundation의 지침에 따르면, 신경과학은 효과적인 마케팅 도구지만 학문적으로 엄격하고, 투명하며, 개인정보를 존중하는 방식으로 활용해야 한다. 은밀하게 데이터를 수집하는 신경과학 기법이 발달하는 탓에 투명성과 개인정보의 중요성이 나날이 커지고 있다. 광고 연구 재단의 신경표준에는 동의나 허락을 받지 않은 채 소비자에 관한 데이터를 수집하고 이런 데이터를 근거로 원하는 행동을 끌어내는 것은 윤리적 경계를 넘어서는 행위라고 명시되어 있다.

미국 연방 정부가 마련한 권고 사항도 있다. 2013년 4월, 버락 오바마 전 대통령은 인간의 뇌를 좀 더 제대로 이해하기 위해 브레인 이니셔티브Brain Research through Advancing Innovative Neurotechnologies initiative, BRAIN를 추진했다. 브레인 이니셔티브에 소속된 생명 윤리 위원회는 신경과학 연구를 진행하거나 그 결과를 적용하고 활용하는 과정에서 발생할 수 있는 윤리적인 문제를 찾아내는 역할을 맡았다. 펜실베이니아대학교 총장 에이미 구트만Amy Gutmann이 이끄는 이 위원회는 다음을 비롯한 14개의 권고안을 제시했다.

- 고지에 입각한 동의 및 투명성
- 인간 존엄성 유지
- 자율성(개개인의 의사 결정 능력 빼앗지 않음)
- 개인정보 보호
- 보안
- 동등한 접근성
- 과대광고 방지

이 권고안은 2015년에 공개되었으며 많은 업계가 우수 관행을 선정할 때 이 권고안을 중요하게 여긴다.

다양하고 빠르게 변화하는 미래

코로나19 팬데믹 초기, 미국에서 일자리가 급감했다. 당시 미국 전역에서 셧다운 조치가 단행되어 4천만 명이 넘는 성인이 실업수당을 신청했을 정도다. 놀랍게도 같은 기간 동안 일부 기업은 고용을 늘렸다. 월마트Walmart는 23만 5천 명, 아마존Amazon은 12만 5천 명이 넘는 직원을 고용했다. 이렇게 많은 사람을 걸러내고, 면접하고, 입사시켰다는 사실 자체도 놀랍지만 이 모든 과정이 진행되는 속도는 가히 전례가 없을 정도였다. 월마트와 아마존은 인공지능과 고급 분석 기법을 활용하고 콘 페리Korn Ferry 같은 채용 프로세스 아웃소싱 기업을 동원하는 등 채용 관행을 근본적으로 수정했다.

팬데믹으로 고용이 줄어들고 있어 상상하기는 힘들지만 경제는 곧 회복될 것이다. 다시 말해, 수백 개의 기업이 동시에 최고의 인재를 채용하기 위해 경쟁을 벌일 것이다.[179] 월마트와 아마존이 그랬듯이 많은 기업이 신속하게 인재를 채용해야 할 것이다. 하지만 현명한 채용 담당자라면 누구나 알고 있듯이 인재를 빨리 채용하려고 속도를 높이다 보면 직무와 맞지 않는 사람을 뽑을 가능성이 커진다. 맞지 않는 사람을 뽑으면 불필요한 시간과 비용을 낭비하게 된다. 미국의 채용 전문 기업 커리어빌더CareerBuilder가 2017년에 발표한 설문 조사 결과에 따르면, 평균 1만 5천 달러의 비용이 발생한다.[180] 게다가 이후 10년 동안 인기를 끌 직업은 지난 10년 동안 수요가 많았던 직업과는 근본적으로 다를 가능성이 크다. 팬데믹은 모든 산업을 재편하거나, 발전시키거나, 무너뜨릴 수 있다.

이와 같은 모든 변화를 고려할 때 채용 담당자와 인사 담당자가 좀 더 정확하고 빠르게 지원자들을 평가하는 데 도움이 되는 도구를 개발할 필요가 있다. 월마트와 아마존은 이미 인공지능과 고급 분석 기법을 활용해 지원자의 재능, 특징, 동기 부여 요인을 제대로 파악해야 한다는 사실을 깨닫고 있다.

신경과학은 이런 도구를 개발하는 데 도움이 된다. 이미 신경과학 및 관련 통계 기법을 활용하면 개인의 사회적 기술, 의사 결정의 한계, 혁신적 잠재력을 더욱 정확하게 파악할 수 있다는 사실을 확인했다. 하지만 신경과학 분야에서 등장한 일부 기법의 침습성과 개인의 능력, 특징, 동기 요인을 정확하게 예측하는 정도 사이에서 균형을 잘 잡아야 한다. 다음 단계에서는 비언어적인 행동 평가, 시선 추적, 비디오 분석, 목소리 톤 측정 등 신경과학자들이 재능을 평가하는 데 도움이 된다고 판단한 방법들을 활용하게 될 가능성이 크다. 물론 이 과정에서 동의, 개인정보 보호, 보안, 자율성, 존엄성이라는 원칙은 그 어느 때보다 중요해질 것이다.

뉴노멀과 가까운 미래에 대비해 어떤 인재를 채용해야 할지 재계의 고민이 커지고 있다. 현명한 선택을 내리려면 기업이 인재 풀에 대해 좀 더 폭넓은 생각을 가져야 한다. 앞서 살펴봤듯이 특정한 인재들이 일을 잘 할 수 있다는 강력한 증거가 있음에도 고용주들은 이들을 계속 외면한다. 5장에서 ADHD와 창의성의 연관성을 살펴본 바 있다. 이는 현재 우리가 알고 있는 신경학적 차이를 가진 사람들의 많은 능력 중 하나에 불과하다. 앞으로 연구진은 이런 재능을 좀 더 많이 찾아내 신경학적으로 다양한 사람들을 적합한 직무와 효율적으로 연결해야 한다.

기업들은 신경 다양성을 포용해야 한다. 인종, 성별, 민족의 다양성을 받아들이듯 신경학적 차이를 존중해야 할 필요가 있다는 사실을 인정해야 한다. 신경 다양성을 포용하는 것은 비단 옳은 일일 뿐 아니라 기업에 필요한 인력을 확보하는 일이기도 하다. 예를 들면, 미국 질병통제예방센터는 2018년에 어린이 59명 중 한 명이 자폐 스펙트럼 장애autism spectrum disorder, ASD 진단을 받는다고 발표했다.[181] 앞으로 10년 동안 그중 절반이 성인이 된다. 하지만 자폐 스펙트럼 장애를 가진 대학 졸업생의 85%가 직장을 구하지 못한다.[182] 기업과 졸업생 모두 훌륭한 기회를 놓치고 있는 셈이다.

훈련의 측면에서 생각해보면, 군대는 신경과학 분야의 발전에 기반한 참신한 프로그램을 활용해 새로운 요구 사항에 대처하고 있다. 미국의 고등연구계획국Defense Advanced Research

Projects Agency, DARPA은 전쟁에 사용되는 도구와 무기는 발전했지만 훈련 방식은 그렇지 못하다는 깨달음을 바탕으로 MBA Measuring Biological Aptitude(생물학적 적성 측정) 프로그램을 도입 중이다.[183] 이 프로그램의 목표는 군인들이 유전적·후생적·대사적 신호 연결망에 접근하고 이를 추적해 최고의 성과를 내도록 만드는 것이다. 그동안 군에서 사용된 승진 대상자 선발 방식을 고수하면 실제로 더 훌륭한 성과를 낼 가능성이 있는 인재를 놓칠 수도 있다는 깨달음이 반영되어 있다.

· 리더의 뇌파 ·
꼭 기억해야 할 점

1   신경과학은 새로운 도구와 활용 방법을 통해 인간의 성과를 혁신할 잠재력을 제공한다. 성과 개선을 위한 다른 도구와 마찬가지로 이런 도구를 사용할 때도 세심한 주의를 기울여야 한다. 실제로 효과가 있는지, 어떻게 작동하는지 생각해야 할 뿐 아니라 사회 전체의 관점에서 봤을 때 이런 도구를 사용하는 것이 바람직하고 공정한지 고민해야 한다.

2   가정과 직장에서 인간의 성과 개선을 위해 신경과학을 활용하는 방안이 윤리, 법률, 사회의 측면에서 어떤 영향을 미치는지 이제 막 밝혀지기 시작했다.

3   성과를 개선하거나 원하는 소비자 행동을 끌어내기 위해 신경과학을 활용하려면 적어도 개인정보, 동의, 자율성, 인간의 존엄성, 동등한 접근성을 존중해야 한다.

4   신경학적 차이를 존중하고 신경학적으로 다양한 인재를 채용해 신경 다양성을 포용하는 기업이 더 나은 직원들을 확보할 수 있다.

마치며

지금까지 리더십부터 커뮤니케이션, 혁신, 학습, 의사 결정에 이르기까지 많은 주제를 다뤘다. 인간의 뇌에는 8백억 개가 넘는 뉴런이 있고, 이렇게 많은 뉴런으로 인해 1백조 개가 넘는 연결 고리가 생겨나지만 정보 처리 능력은 놀랍도록 제한적이다. 진화 과정에서 인간의 뇌는 생리학적 제약 때문에 어쩔 수 없이 놀라울 정도의 효율성을 갖게 되었다. 예를 들면, 배경과 대비되는 특성을 신호로 보내고, 가장 중요하거나 두드러진 정보를 확대하는 대신 기타 다른 정보를 희생시키는 식이다. 이런 효율성은 선택의 횡포, 시선이 향하는 곳과 선택의 관계 등 의사 결정에 놀라울 정도로 큰 영향을 미친다. 경제학자들과 심리학자들이 한동안 이상 현상, 혹은 비합리적인 선택으로 여겼던 것들이 이제는 진화 과정에서 생겨난 완전히 합리적인 산물로 받아들여진다. 이런 관점은 주로 '제한된 합리성bounded rationality'이라고 불린다.[184]

뇌가 생각하는 우선순위에는 우리 조상들이 생존과 번식을 위해 해결해야만 했던 도전 과제가 반영되어 있다. 경험을 통해 학습하고, 상황이 어떻게 달라질 수 있었는지 관찰하고, 평범한 일상에서 벗어나 좀 더 나은 것을 찾고, 우리가 배우고 발견한 것을 다른 사람에게 전달하는 것이 모두 여기에 해당한다. 이런 해결 방안은 인간의 뇌, 시스템, 회로에 깊이 새겨져 있으며, 다른 동물, 그중에서도 특히 인간과 공통점이 많은 원숭이와 유인원 등이 이런 특징을 갖고 있다.

우리의 뇌가 타인과의 연결에 특화된 방식을 고려하면 이보다 더 분명한 것은 없다. 우리는 좋든 싫든 친구와 가족의 지지를 받으며 살아간다. 그리고 인간관계가 풍요롭고 깊을수록 건강하고 행복해지며 놀랍게도 더 부유해진다. 지금까지도 인간과 닮은 점이 많은 원숭이를 통해 수많은 교훈을 얻었지만 어쩌면 이번에 생각할 지점이 가장 중요할지도 모른다. 우리 뇌의 사회적 연결망은 친구나 가족과의 관계뿐 아니라 직장에서 팀원들과 협력하는 방식도 관리하며, 회사와 브랜드에 대한 충성을 독려한다. 세계화, 놀라운 속도로 발전하는 기술, 특히 2020년에 발생한 글로벌 팬데믹으로 나날이 거세지며, 이따금 고통스럽기까지 한 변화의 물결을 헤쳐 나갈 방법도 제시한다.

조직 변화는 정말 큰 스트레스를 유발한다. 미국심리학회가 2017년에 발표한 연구에 따르면, 설문에 응답한 직원의 50% 이상이 직장 내의 중대한 변화로 극심한 스트레스를 겪었다고 답했다.[185] 이들 중 상당수는 직장 스트레스가 가정에까지 영향을 미쳤다고 했다. 가정생활에 악영향을 미치고, 병가가 늘어나고, 음주, 흡연, 기타 나쁜 행동이 늘어났다.

이런 관점에서, 허리케인 마리아의 가공할 만한 파괴력과 뒤이어 찾아온 신체적·사회적 고난을 견뎌낸 카요 산티아고의 붉은털원숭이 이야기를 다시 생각해보면 또 다른 영감과 교훈을 얻을 수 있다. 나는 허리케인이 지나간 후 거의 3년 정도 붉은털원숭이를 관찰했을 무렵에 이 책을 썼다. 도입부에서 설명했듯이 붉은털원숭이들은 위기가 닥치자 사회적으로 변했다. 붉은털원숭이의 사회적 뇌 연결망은 점점 더 풍부해졌으며 밀도도 높아졌다. 게다가 상호작용 대상을 좀 더 공평하게 대하게 되었다. 이런 변화를 초래한 요인은 다양할 것이다. 하지만 원숭이들이 서로에 대해 좀 더 관용적으로 변한 것은 명백한 사실이다. 토네이도나 홍수 같은 자연재해, 2001년에 발생한 9·11 테러 공격 같은 사건이 발생한 후에 공동체가 힘을 모아 서로를 도우려고 애쓸 때도 같은 현상이 관찰된다. 직장에서 스트레스를 관리할 때도 이런 교훈을 분명하게 기억해야 한다.

인간 두뇌의 구조와 기능에 대한 이해도가 얼마나 높아지고 있는지, 개인의 삶과 공동체 전체, 비즈니스를 개선하는 데 이런 지식을 어떻게 활용할 수 있을지 이 책을 통해 간략하게 엿볼 수 있다. 신경과학 분야의 발전에 정교한 분석 기법이 더해지자, 우리 자신을 좀 더 잘 이해하고 이 지식을 활용해 우리가 생활하고 일하는 방식을 급격하게 개선할 잠재력이 생겨났다. 물론 이런 활용 방안이 탐욕이나 권력에 악용될 가능성도 있다. 하지만 개인적으로는 신경과학과 비즈니스가 조화를 이루어 소비자, 기업, 사회를 위한 가치를 창출할 것이라는 관점을 낙관적으로 받아들인다. 사실 21세기를 살아가며 그 안에서 일하는 것이 얼마나 힘든지 고려하면 우리는 얻을 수 있는 모든 도움을 적극적으로 받아들여야 한다.

감사의 말

책을 집필하는 일은 결코 쉽지 않다. 하지만 로런 스타키, 브렛 로기우라토, 섀넌 버닝을 비롯해 와튼스쿨 출판부에서 일하는 훌륭한 전문가들의 도움이 있었기에 이 책을 즐겁게 만들 수 있었다. 모든 분에게 감사를 전한다.

인류학에서 시작해 행동생물학, 심리학, 신경과학을 거쳐 비즈니스까지 다다른 나의 지적 여정은 특이할 정도로 굴곡이 많은 편이었다. 학부 지도 교수인 앨리슨 리처드, 박사 과정 지도 교수인 도로시 체니, 로버트 세이파스, 박사 후 과정 지도 교수 폴 글림처, 듀크대학교 신경생물학과장 데일 퍼브스, 그리고 그 과정에서 만난 동료와 친구 등 관련 분야에서 가장 창의적이고 탁 트인 사고를 하는 많은 사람의 멘토링을 받는 행운을 누렸다. 듀크대학교와 펜실베이니아대학교의 통찰력 있는 리더들, 그중에서도 특히 듀크대학교 전 교무처장 피터 랑게, 와튼스쿨 전 학장 제프리 개럿, 페렐만 의대 학장 래리 제임슨, 펜실베이니아대학교 예술과학대 학장 스티브 플루하디 같은 분들이 나의 연구를 적극적으로 지지해주었다. 펜실베이니아대학교 에이미 거트만 총장은 두말할 것도 없다. 이 모든 분이 이 책의 핵심이라고 말할 수 있는, 학문의 경계를 넘나드는 융합 연구 정신을 믿고 응원해주었다.

우리 실험실을 지적 활력이 넘치고 일하기 좋은 곳으로 만들어준 박사 후 과정 연구원들, 박사 과정 학생들, 석사 과정 학생들, 대학생들, 직원들, 참여 고등학생들에게 깊은 감사를 표한다. 특히 앨리 맥코이, 제이미 로이트먼, 롭 디너, 스티븐 셰퍼드, 칼리 왓슨, 모니카 칼슨, 벤 헤이든, 사라 하일브로너, 제프리 클라인, 베케트 에비츠, 스티브 창, 로런 브렌트, 노아 스나이더 매클러, 웨이송 옹, 야오 장, 하이디 슈테펜, 아르준 라마크리슈난, 샤리카 KM, 마이크 몬터큐, 펑 셍, 아나마리 후투넨, 세바스티앙 트람블레이, 카미유 테스터드, 스콧 레니, 베라 루트비히에게 무한한 감사를 전한다. 여러분이 있었기에 이 책이 탄생할 수 있었다.

지난 10년 중 상당 기간 듀크대학교와 와튼스쿨에서 잽 존슨과 함께 일했다. 존슨은 듀크대학교 뇌과학연구소 부소장을 역임했으며 현재는 와튼 신경과학 이니셔티브의 총책임자를 맡고 있다. 당시 상당히 위험한 모험이었던 와튼스쿨 합류를 택해준 그녀의 용기와 협력이 없었다면 어떤 것도 이뤄낼수 없었을 것이다.

코로나19 기간 동안 내게 이 책을 쓸 공간을 허락해준 가족에게도 감사를 전한다. 세 아들 헨리, 재커리, 타이코는 이 여정을 끝낼 때까지 영감과 혼란, 육아의 어려움, 따뜻한 위안을 모두 안겨주었다.

마지막으로, 1988년에 난생처음으로 멕시코에서 원숭이 관찰 탐험을 하다가 만났던 나의 아내이자 영혼의 동반자 엘리자베스 브래넌에게 감사를 전한다. 우리가 펜실베이니아대학교에서, 그것도 똑같은 심리학과에서 교수 생활을 하게 될 거라고는 상상도 못 했다. 30년 전 도로시, 로버트와 함께 로커스트 워크를 따라 내려가 세미나에 참석하고, 베이징에서 점심을 먹으며 이 지적 여정을 시작했던 바로 이곳에서 말이다. 이제는 포시 대신 주노가 있지만 그 외 나머지 것들은 대개 그대로다. 앞으로의 30년은 우리를 어디로 이끌지 정말 궁금하다.

주

1   Alice Fothergill and Seana Lowe, "A Need to Help: Emergent Volunteer
    Behavior after September 11th," in *Beyond September 11th: An Account
    of Post-Disaster Research* (Boulder, CO: Natural Hazards Research and
    Applications Information Center, University of Colorado Boulder, 2003), 293–
    314; Michael K. Lindell, "Recovery and Reconstruction after Disaster," in
    Encyclopedia of Natural Hazards, ed. Peter Bobrowsky (New York: Springer,
    2013), 812–824.

2   Jerome Sallet et al., "Social Network Size Affects Neural Circuits in
    Macaques," *Science* 334, no. 6056 (2011): 697–700, https://www.
    researchgate.net/profile /Jerome_Sallet/publication/51769857_
    Social_Network_Size_Affects_Neural _Circuits_in_Macaques/
    links/0912f509165f1f1bf0000000.pdf.

3   애덤 갤런스키·모리스 슈바이처, 『관계를 깨뜨리지 않고 원하는 것을 얻는
    기술』(토네이도, 2016).

4   앞의 책, 52.

5   Julianne Holt-Lunstad, Timothy B. Smith, and J. Bradley Layton, "Social

Relationships and Mortality Risk: A Meta-analytic Review," *PLoS Medicine* 7, no. 7 (2010), https://doi.org/10.1371/journal.pmed.1000316.

6   참조. Ichiro Kawachi and Lisa F. Berkman, "Social Ties and Mental Health," *Journal of Urban Health: Bulletin of the New York Academy of Medicine* 78, no. 3 (2001): 458–467, https://www.ncbi.nlm.nih.gov/pmc/articles/PMC3455910/pdf /11524_2006_Article_44.pdf.

7   Sarvada Chandra Tiwari, "Loneliness: A Disease?," *Indian Journal of Psychiatry* 55, no. 4 (2013): 320–322, https://www.researchgate.net/publication/259883733_Loneliness_A_disease.

8   Melissa Harrell and Lauren Barbato, " Great Managers Still Matter: The Evolution of Google's Project Oxygen," *re:Work* (blog), Google, February 27, 2018, https://rework.withgoogle.com/blog/the-evolution-of-project-oxygen/.

9   Leslie Brothers, "The Social Brain: A Project for Integrating Primate Behavior and Neurophysiology in a New Domain," *Concepts in Neuroscience* 1 (1990): 27–51, https://direct.mit.edu/books/book/2431/chapter-abstract/64376/The-Social-Brain-A-Project-for-Integrating-Primate?redirectedFrom=fulltext.

10   Sallet et al., "Social Network Size," 697–700.

11   Uri Hasson and Thalia P. Wheatley, "Brain-to-Brain Dynamical Coupling: A New Framework for the Communication of Social Knowledge," National Institutes of Health (grant proposal), 2017, https://grantome.com/grant/NIH/R01-MH112566-01.

12   Laura Sanders, "Our Brains Sculpt Each Other. So Why Do We Study Them in Isolation?," *Science News*, April 9, 2019, https://www.sciencenews.org/article/brains-sculpt-each-other-social-interactions.

13   V. Heng et al., "Neurological Effects of Moving from an Enriched

Environment to Social Isolation in Adult Mice," Society for Neuroscience meeting (2018) Program No. 291.02, https://www.slideshare.net/ BARRYSTANLEY2fasd /neurological-effects-of-moving-from-an-enriched-environment-to-social-isolation-in-adult-mice.

14 Sanders, "Our Brains Sculpt Each Other."

15 Miho Nagasaw et al., "Oxytocin- Gaze Positive Loop and the Coevolution of Human-Dog Bonds," *Science* 348, no. 6232 (2015): 333–336, https:// science.sciencemag.org/content/348/6232/333.abstract.

16 K. C. Berridge, "Measuring Hedonic Impact in Animals and Infants: Microstructure of Affective Taste Reactivity Patterns," *Neuroscience and Biobehavioral Reviews* 24 (2000): 173–198, https://lsa.umich.edu/psych/ research&labs/Berridge/publications/BerridgehedonicimpactNeurosci BiobehvRev2000.pdf.

17 Spike Jonze, "Ikea Ad," YouTube video, 1:00, https://www.youtube.com/ watch?v = TsQXQGaasUg.

18 Clifford Nass and Youngme Moon, "Machines and Mindlessness: Social Responses to Computers," *Journal of Social Issues* 56, no. 1 (2000): 81–103, https://psycnet.apa.org/record/2000-00196-006; Byron Reeves and Clifford Nass, *The Media Equation: How People Treat Computers, Television, and New Media Like Real People and Places* (New York: Cambridge University Press, 1996).

19 Nick Deligiannis, "The Benefits and Downsides of Working in a Flatter Hierarchy," *Silicon Republic* (blog), Sept. 18, 2019, https:// www. siliconrepublic.com/advice/flatter-hierarchy-hays-nick-delgiannis.

20 "Servant Leaders: Zingerman's," Greenleaf Center for Servant Leadership, https://www.greenleaf.org/winning-workplaces/profiles-for-success/hospitality/servant-leaders/ (accessed October 22, 2019).

21 Richard Boyatzis, "Neuroscience and Leadership: The Promise of Insights," *Ivey Business Journal*, Jan.–Feb. 2011, https://iveybusinessjournal. com/publication /neuroscience-and-leadership-the-promise-of-insights/.

22 Adrienne Wood, Adam M. Kleinbaum, and Thalia Wheatley, "Cultural Diversity Broadens Social Networks," PsyArXiv, June 3, 2019, https://doi. org/10.31234/osf.io /qvthk.

23 And Tomas Kellner, "New Power Generation: GE- Alstom Energy Deal Redefines Power Industry in Coming Decades," GE, Nov. 2, 2015, https:// www.ge.com/reports/new-power-generation-ge-alstom-energy-deal-redefines-power-industry-coming-decades/.

24 Thomas Gryta and Ted Mann, "GE Powered the American Century— Then It Burned Out," *Wall Street Journal*, Dec. 14, 2018, https://www. wsj.com/articles/ge-powered-the-american-centurythen-it-burned-out-11544796010.

25 Tim Buckley, Kathy Hipple, and Tom Sanzillo, "General Electric Misread the Energy Transition: A Cautionary Tale," Institute for Energy Economics and Financial Analysis, June 2019, https://ieefa.org/ wp-content/uploads/2019/06/General-Electric-Misread-the-Energy-Transition_June-2019.pdf.

26 David Keohane, "GE Fined in France for Failing to Create Promised Jobs," *Financial Times*, Feb. 5, 2019, https://www.ft.com/content/ c3710368-2955-11e9-88a4-c32129756dd8.

27 Fengtao Shen et al., "Racial Bias in Neural Response for Pain Is Modulated by Minimal Group," *Frontiers in Human Neuroscience*, January 11, 2018, https://www.frontiersin .org /articles/10.3389/ fnhum.2017.00661/full.

28 I. Ben- Ami Bartal et al., "Pro- social Behavior in Rats is Modulated by Social Experience," *eLife* 3 (2014): https://doi.org/10.7554/eLife.01385.

29 S. Strang et al., "Impact of Nutrition on Social Decision Making," *Proceedings of the National Academy of Sciences of the United States of America* 114, no. 25(2017): 6510–6514, https://doi.org/10.1073/pnas.1620245114.

30 R. J. Wurtman et al., "Effects of Normal Meals Rich in Carbohydrates or Proteins on Plasma Tryptophan and Tyrosine Ratios," *American Journal of Clinical Nutrition* 77, no. 1 (2003): 128–132.

31 Ignacio Saez et al., "Dopamine Modulates Egalitarian Behavior in Humans," *Current Biology* 25, no. 7 (2015): 912–919, https://doi.org/10.1016/j.cub.2015.01.071.

32 S. Kühn et al., "Food for Thought: Association Between Dietary Tyrosine and Cognitive Performance in Younger and Older Adults," *Psychological Research* 83, no. 6 (2019): 1097–1106, https://doi.org/10.1007/s00426-017-0957-4.

33 E. M. Swift, "A Reminder of What We Can Be: The 1980 U.S. Olympic Hockey Team," *Sports Illustrated*, Oct. 28, 2014, https://www.si.com/olympics/2014/10 /28/reminder-what-we-can-be-1980-us-olympic-hockey-team-si-60.

34 Martine Haas and Mark Mortensen, "The Secrets of Great Teamwork," *Harvard Business Review*, June 2016, https://hbr.org/2016/06/the-secrets-of-great-teamwork.

35 F. Behrens et al., "Physical Synchrony Promotes Cooperative Success in Real-Life Interactions," BioRxiv, October 5, 2019, https://www.biorxiv.org/content/10.1101/792416v1.full.

36 Pam Belluck, "Hearts Beat as One in Daring Ritual," *New York Times*, May

2, 2011, https://www.nytimes.com/2011/05/03/science/03firewalker.html.

37 Suzanne Dikker et al., "Brain-to-Brain Synchrony Tracks Real-World Dynamic Group Interactions in the Classroom," *Current Biology* 27 (2017): 1375–1380, http://www.psych.nyu.edu/vanbavel/lab/documents/Dikker.etal.2017.CB.pdf.

38 Takahiko Koike et al., "What Makes Eye Contact Special? Neural Substrates of On-line Mutual Eye-Gaze: A Hyperscanning fMRI Study," *eNeuro* 6, no. 1 (2019): https://www.eneuro.org/content/6/1/ENEURO.0284-18.2019.

39 참조. Dikker et al., "Brain-to-Brain Synchrony"; and Lydia Denworth, "Hyperscans Show How Brains Synch as People Interact," *Scientific American*, Apr. 10, 2019, https://www.scientificamerican.com/article/hyperscans-show-how-brains-sync-as-people-interact/.

40 Y. Jiang and M. L. Platt, "Oxytocin and Vasopressin Flatten Dominance Hierarchy and Enhance Behavioral Synchrony in Part via Anterior Cingulate Cortex," *Scientific Reports* 8 (2018): https://doi.org/10.1038/s41598-018-25607-1.

41 Y. Yeshurun et al., "Same Story, Different Story: The Neural Representation of Interpretive Frameworks," *Psychological Science* 28, no. 3 (2017): 307–319, https://doi.org/10.1177/0956797616682029.

42 크리스 보스·탈 라즈, 『우리는 어떻게 마음을 움직이는가』(프롬북스, 2016).

43 Libby Kane, "Why Every New Employee at a Billion- Dollar Glasses Brand Gets Kerouac and Pretzels as a Welcome Gift," *Business Insider*, Apr. 14, 2017, https://www.businessinsider.com/how-warby-parker-builds-company-culture-2017-4.

44 Jay J. Van Bavel et al., "The Neuroscience of Leading Effective Teams,"

NeuroLeadership Journal 7 (2018): http://www.psych.nyu.edu/vanbavel/ lab /documents/VanBavel.etal.2018.NL.pdf.

45 P. Molenberghs and W. R. Louis, "Insights from fMRI Studies into Ingroup Bias," *Frontiers in Psychology* 9 (2018): https://doi.org/10.3389/ fpsyg.2018.01868.

46 Ben Rowen, "Chasing the 'Holy Grail' of Baseball Performance," *The Atlantic*, July–Aug. 2018, https://www.theatlantic.com/magazine/ archive/2018/07/finding-the-formula -for-team-chemistry/561722/.

47 Scott A. Brave, R. Andrew Butters, and Kevin Roberts, "In Search of David Ross," MIT Sloan Sports Analytics Conference, 2017, http:// www. sloansportsconference.com/wp-content/uploads/ 2017/02/1636.pdf.

48 Jared Diamond, "Baseball Tackles Workplace Mystery: How to Build Team Chemistry?," *Wall Street Journal*, July 12, 2017, https://www.wsj. com/articles/baseball-tackles-workplace-mystery-how-to-build-team-chemistry-1499875993.

49 Russell A. Carleton, "Baseball Therapy: Can't Buy Me Chemistry?," Baseball Prospectus, Feb. 26, 2013, https://www.baseballprospectus. com/news/article/19704/baseball-therapy-cant-buy-me-chemistry/.

50 James K. Harter, Frank L. Schmidt, and Corey L. M. Keyes, "Wellbeing in the Workplace and Its Relationship to Business Outcomes," Gallup, http:// media .gallup.com/ documents/whitePaper—Well-BeingInTheWorkplace.pdf.

51 Martine Haas, "Leading Virtual Teams: Overcoming Key Challenges"(Nano Tool), Wharton@Work, June 2020, https://execed. wharton.upenn.edu/thought-leadership/wharton-at-work/2020/06/ leading- virtual-teams/.

52 Albert Mehrabian, *Silent Messages*, 1st ed. (Belmont, CA: Wadsworth, 1971);

J. Cesario and E. T. Higgins, "Making Message Recipients 'Feel Right': How Nonverbal Cues Can Increase Persuasion," *Psychological Science* 19, no. 5 (2008): 415–420, https://doi.org/10.1111/j.1467-9280.2008.02102.x.

53 F. Sheng and S. Han, "Manipulations of Cognitive Strategies and Intergroup Relationships Reduce the Racial Bias in Empathic Neural Responses," *NeuroImage* 61, no. 4 (2012): 786–797, https://doi.org/10.1016/j.neuroimage.2012.04.028.

54 Bob Graham et al., *Deep Water: The Gulf Oil Disaster and the Future of Offshore Drilling* (대통령 보고 자료), National Commission on the BP Deepwater Horizon Oil Spill and Offshore Drilling, January 2011, https://www.govinfo.gov/content/pkg/GPO-OILCOMMISSION/pdf/GPO-OILCOMMISSION.pdf.

55 Elizabeth Shogren, "BP: A Textbook Example of How Not to Handle PR," National Public Radio, Apr. 21, 2011, https://www.npr.org/2011/04/21/135575238/bp-a-textbook-example-of-how-not-to-handle-pr.

56 Tom Bergin and Francis Kerry, "BP CEO Apologizes for 'Thoughtless' Oil Spill Comment," Reuters, June 2, 2010, https://www.reuters.com/article/us-oil-spill-bp-apology/bp-ceo-apologizes-for-thoughtless-oil-spill-comment-idUSTRE6515NQ20100602.

57 Yeshurun et al., "Same Story, Diff er ent Story."

58 Yeshurun et al., "Same Story, Diff er ent Story," 318.

59 Stella Collins, *Neuroscience for Learning and Development: How to Apply Neuroscience and Psychology for Improved Learning and Training*, 2nd ed. (London: Kogan Page, 2019).

60 로비트 치알디니, 『초전 설득』(21세기북스, 2018).

61 앞의 책.

62 *2017 Work and Well-Being Survey*, American Psychological Association, http://www.apaexcellence.org/assets/general/2017-work-and-wellbeing-survey-results.pdf?_ga=2.30624635.552121507.1583180964-1805362551.1580758482 (접속 일자: December 4, 2019).

63 Yoona Kang et al., "Effects of Self-Transcendence on Neural Responses to Persuasive Messages and Health Behavior Change," *Proceedings of the National Academy of Sciences*, September 17, 2018, https://www.pnas.org/content/115/40 /9974.

64 Frank J. Berinieri et al., "Interactional Synchrony and Rapport: Measuring Synchrony in Displays Devoid of Sound and Facial Affect," *Personality and Social Psychology Bulletin* 20, no. 3 (1994): 303–311, https://www.researchgate .net/publication/247746617_Interactional_Synchrony_and_Rapport _Measuring_Synchrony_in_Displays_Devoid_of_Sound_and_Facial_Affect.

65 Tanya L. Chartrand and John A. Bargh, "The Chameleon Effect: The Perception-Behavior Link and Social Interaction," *Journal of Personality and Social Psychology* 76, no. 6 (1999): 893–910, https://psycnet.apa.org/record/1999-05479-002.

66 Uri Hasson et al., "Intersubject Synchronization of Cortical Activity during Natural Vision," *Science* 303, no. 5664 (2004): 1634–1640, https://science.sciencemag.org/content/303/5664/1634.

67 Sam Barnett and Moran Cerf, "A Ticket for Your Thoughts: Method for Predicting Content Recall and Sales Using Neural Similarity of Moviegoers," *Journal of Consumer Research* 44, no. 1 (2017): 160–181, https:// www.researchgate.net/publication/317767548_A_Ticket_for_Your_Thoughts _Method_for_Predicting_Content_Recall_and_Sales_Using_Neural_Similarity_ of_Moviegoers.

68   Collins, *Neuroscience for Learning and Development.*

69   칩 히스·댄 히스, 『스틱!』(웅진지식하우스, 2022)

70   "Hearing Metaphors Activates Sensory Brain Regions," Emory News Center, Feb. 7, 2012, https://news.emory.edu/stories/2012/02/metaphor_brain_imaging/.

71   Julio González et al., "Reading Cinnamon Activates Olfactory Brain Regions," *NeuroImage* 32, no. 2 (2006): 906–912, https://www.researchgate.net/publication /7130495_Reading_cinnamon_activates_olfactory_brain_regions.

72   조나 버거, 『컨테이저스: 전략적 입소문』(문학동네, 2013)

73   "Putting a Face to a Name: The Art of Motivating Employees," Knowledge@ Wharton, Feb. 17, 2010, https://knowledge.wharton.upenn.edu/article/putting-a-face-to-a-name-the-art-of-motivating-employees/.

74   Alex B. Van Zant and Jonah Berger, "How the Voice Persuades," *Journal of Personality and Social Psychology* 118, no. 4 (2020): 661–682, https://psycnet.apa.org/buy/2019-31309-001.

75   Tim Herrera, "How to—Literally—Sound More Confident and Persuasive," Smarter Living, *New York Times*, Nov. 10, 2019, https://www.nytimes.com/2019/11/10/smarter-living/how-to-sound-more-confident-persuasive.html.

76   "Mastering the Art of Effective Communication: What Big Data Can Tell Us," Knowledge@Wharton, May 5, 2016, https://knowledge.wharton.upenn.edu/article/the-science-of-effective-communication/.

77   *2018 Workplace Learning Report: The Rise and Responsibility of Talent Development in the New Labor Market*, LinkedIn Learning, https://learning.linkedin.com/resources/workplace-learning-report-2018 (접속

일자: January 6, 2020).

78 Victor Lipman, "65% of Employees Want More Feedback (So Why Don't They Get It?)," *Forbes, Aug.* 8, 2016, https://www.forbes.com/sites/victorlipman/2016/08/08/65-of-employees-want-more-feedback-so-why-dont-they-get-it/ #6f59b3f3914a; "An Imperfect Test: The Prob lem with Job Performance Appraisals," Knowledge@Wharton, May 23, 2016, https:// knowledge.wharton.upenn.edu/article/the-problem-with-job-performance-appraisals/.

79 Martin Bressler and Clarence Woodrow Von Bergen, "The Sandwich Feedback Method: Not Very Tasty," *Journal of Behavioral Studies in Business*, Jan. 2014, https://www.researchgate.net/publication/281034931_The_Sandwich_Feedback_Method_not_very_tasty.

80 Shalini Ramachandran and Joe Flint, "At Netflix, Radical Transparency and Blunt Firings Unsettle the Ranks," *Wall Street Journal*, Oct. 25, 2018, https://www.wsj.com/articles/at-netflix-radical-transparency-and-blunt-firings-unsettle-the-ranks-1540497174.

81 David Rock, Beth Jones, and Chris Weller, "The Hidden Leverage of Feedback," *Psychology Today*, Jan. 7, 2019, https://www.psychologytoday.com/us/blog/your-brain-work/201901/the-hidden-leverage-feedback.

82 ———, "Using Neuroscience to Make Feedback Work and Feel Better," *Strategy + Business*, Aug. 27, 2018, https://www.strategy-business.com/article /Using-Neuroscience-to-Make-Feedback-Work-and-Feel-Better?gko=6aca6.

83 Adam Bryant, "Google's Quest to Build a Better Boss," *New York Times*, Mar. 12, 2011, https://www.nytimes.com/2011/03/13/business/13hire.html.

84 A. J. Harbinger, "7 Things Every one Should Know about the Art of Eye Contact," *Art of Charm* (blog), *Business Insider*, May 14, 2015, https://www.businessinsider.com/the-power-of-eye-contact-2015-5.

85 Tim Higgins and Mike Spector, "Tesla Blames Driver in Fatal Car Crash," *Wall Street Journal*, Apr. 11, 2018, https://www.wsj.com/articles/tesla-blames-driver-in-fatal-car-crash-1523487100.

86 Kevin N. Ochsner and James J. Gross, "The Cognitive Control of Emotion," *Trends in Cognitive Psychology* 9, no. 5 (2005): 242–249, https://www.ncbi.nlm.nih.gov/pubmed/15866151.

87 Matthew D. Lieberman et al., "Putting Feelings into Words: Affect Labeling Disrupts Amygdala Activity in Response to Affective Stimuli," *Psychological Science* 18, no. 5 (2007): 421–428, https://www.ncbi.nlm.nih.gov/pubmed/17576282.

88 Dale Archer, "ADHD: The Entrepreneur's Superpower," *Forbes*, May 14, 2014, https://www.forbes.com/sites/dalearcher/2014/05/14/adhd-the-entrepreneurs-superpower/#2fc2295759e9; Joe De Sena, "I'm a CEO with ADHD and It's My Biggest Strength. Here's Why," *Business Insider*, Oct. 8, 2019, https://www.businessinsider.com/im-ceo-with-adhd-its-my-biggest-strength-heres-why-2019-10.

89 Franco Fiordelisis et al., "Creative Corporate Culture and Innovation" (Finance Working Paper No. 578/2018, Eu ro pean Corporate Governance Institute, Nov. 2018), https://ecgi.global/sites/default/files/working_papers/documents/fin alfiordelisirenneboogriccilopes.pdf.

90 Forrester Consulting, "The Creative Dividend: How Creativity Impacts Business Results," Forrester Research Inc., Aug. 2014, https://landing.adobe.com/dam /downloads/whitepapers/55563.en.creative-dividends.pdf.

91 Amy Novotney, "Despite What You've Been Told, You're Not 'Left-Brained' or 'Right-Brained,'" *The Guardian*, Nov. 16, 2013, https://www.theguardian.com/commentisfree/2013/nov/16/left-right-brain-distinction-myth.

92 Roger Beaty et al., "Robust Prediction of Individual Creative Ability from Brain Functional Connectivity," *Proceedings of the National Academy of Sciences* 115, no. 5 (2018): 1087–1092, https://www.pnas.org/content/115/5/1087.

93 Marcus E. Raichle et al., "A Default Mode of Brain Function," *Proceedings of the National Academy of Sciences* 98, no. 2 (2001): 676–682, https://www.pnas.org /content/98/2/676.

94 David L. Barack, Steven W. C. Chang, and Michael L. Platt, "Posterior Cingulate Neurons Dynamically Signal Decisions to Disengage during Foraging," *Neuron* 96 (2017): 339–347, https://www.cell.com/neuron/pdfExtended/S0896-6273(17)30917-0.

95 Benjamin Y. Hayden et al., "Posterior Cingulate Cortex Mediates Outcome-Contingent Allocation of Behavior," *Neuron* 60, no. 1 (2008): 19–25, https://www.ncbi.nlm.nih.gov/pubmed/18940585.

96 Sarah R. Heilbronner, Benjamin Y. Hayden, and Michael L. Platt, "Decision Salience Signals in Posterior Cingulate Cortex," *Frontiers in Neuroscience* 5 (2011): 55, https://www.ncbi.nlm.nih.gov/pmc/articles/PMC3082768/.

97 J. P. Guilford, "The Structure of Intellect," *Psychological Bulletin* 53, no. 4 (1956): 267–293.

98 Courtney Turrin et al., "Social Resource Foraging Is Guided by the Princi ples of the Marginal Value Theorem," *Scientific Reports* 7, no. 11274 (2017), https://www.nature.com/articles/s41598-017-11763-3.

99 Eric L. Charnov, "Optimal Foraging, the Marginal Value Theorem," *Theoretical Population Biology* 9, no. 2 (1976): 129–136, https://www.sciencedirect.com/science/article/pii/004058097690040X.

100 Barack, Chang, and Platt, "Posterior Cingulate Neurons."

101 Alejandro López- Cruz et al., "Parallel Multimodal Cir cuits Control an Innate Foraging Behavior," *Neuron* 102 (2019): 407–419, https://www.cell.com/neuron /pdfExtended/S0896-6273(19)30080-7.

102 Nicolas Dallière et al., "*Caenorhabditis elegans* Feeding Behavior," *Oxford Research Encyclopedias*, June 2017, https://oxfordre.com/neuroscience/view/10.1093/acrefore/9780190264086.001.0001/acrefore-9780190264086-e-190.

103 Matthijs Dekker, "Creativity through the Eyes: Arousal and the Prediction of Creative Task Per for mance by Locus Coeruleus-norepinephrine Modes" (석사 논문, Tilburg University, 2017), http://arno.uvt.nl/show.cgi?fid=142462.

104 Bryant J. Kongkees and Lorenza S. Colzato, "Spontaneous Eye Blink Rate as Predictor of Dopamine- Related Cognitive Function: A Review," *Neuroscience and Biobehavioral Reviews* 71 (Dec. 2016): 58–82, https://www. sciencedirect.com/science/article/pii/S0149763416302846.

105 Thomas T. Hills, Peter M. Todd, and Robert L. Goldstone, "Search in External and Internal Spaces: Evidence for Generalized Cognitive Search Processes," *Psychological Science*, Aug. 1, 2008, https://journals.sagepub.com/doi/full/10.1111/j.1467-9280.2008.02160.x.

106 Thierry Malleret and Christopher Maxwell, "Enhance Decision Making and Problem Solving by Walking" (Nano Tool), Wharton@Work, Sept. 2018, https://executiveeducation.wharton.upenn.edu /thought-leadership/wharton-at-work/2018/09/decision-making-and-problem-

solving-by-walking/.

107 Marily Oppezzo and Daniel L. Schwartz, "Give Your Ideas Some Legs: The Positive Effect of Walking on Creative Thinking," *Journal of Experimental Psychology: Learning, Memory, and Cognition* 40, no. 4 (2014): 1142–1152, https://psycnet.apa.org/record/2014-14435-001.

108 Michael Platt, "Innovative Thinking: Using Neuroscience to Get Out-of- the- Box Ideas" (Nano Tool), Wharton@Work, Oct. 2017, https://executiveeducation.wharton.upenn.edu/thought-leadership/wharton-at-work/2017/10/innovative-thinking-using-neuroscience/.

109 Siobhan Smith, "The Companies That Encourage Staff to Socialise with Each Other," inews, Feb. 3, 2017, https://inews.co.uk/inews-lifestyle/work/companies-encourage-staff-socialise-work-office-529616.

110 Shana Lebowitz, "Salesforce CEO Marc Benioff Relies on the Same Zen Buddhist Concept That Propelled Steve Jobs to Success," *Business Insider*, Aug. 2016, https://www.businessinsider.com/salesforce-marc-benioff-beginners-mind-2016-8.

111 Charly Kleissner, "A Year of Impact—Personal Reflections" (웹페이지), ImpactAssets, https://www.impactassets.org/a-year-of-impact-personal-reflections (접속 일자: January 22, 2020).

112 Ginamarie Scott, Lyle E. Leritz, and Michael D. Mumford, "The Effectiveness of Creativity Training," *Creativity Research Journal* 16, no. 4 (2004): 361–388, https://www.researchgate.net/publication/272177953_The_Effectiveness_of_Creativity_Training_A_Quantitative_Review.

113 David Tanner, *Igniting Innovation through the Power of Creative Thinking* (Myers House LLC, 2008).

114 "ShipIt: 24 Hours to Innovate. It's Like 20% Time. On Ste roids" (웹페이지), Atlassian, https://www.atlassian.com/company/shipit (접속 일자:

February 4, 2020).

115 Joel A. Lopata, Elizabeth A. Nowicki, and Marc F. Joanisse, "Creativity as a Distinct Trainable Mental State: An EEG Study of Musical Improvisation," *Neuropsychologia* 99 (May 2017): 246–258, https://www.sciencedirect.com/science/article/abs/pii/S0028393217300994.

116 "Creativity Is a State of Mind That Can Be Trained," Neuroscience News, Apr. 21, 2018, https://neurosciencenews.com/creativity-trained-8854/.

117 Scott Barry Kaufman and Elliot S. Paul, "Creativity and Schizophrenia Spectrum Disorders across the Arts and Sciences," *Frontiers in Psychology* 5 (2014): 1145, https://www.ncbi.nlm.nih.gov/pmc/articles/PMC4217346/.

118 "Is ADHD an Advantage for Nomadic Tribesmen?," Science Daily, June 10, 2008, https://www.sciencedaily.com/releases/2008/06/080609195604.htm.

119 Hannah Nichols, "Is ADHD Genetic? Every thing You Need to Know," Medical News Today, June 28, 2019, https://www.medicalnewstoday.com/articles/325594.

120 다니엘 핑크, 『언제 할 것인가』(알키, 2018).

121 A. C. Hafenbrack, Z. Kinias, and S. G. Barsade, "Debiasing the Mind Through Meditation: Mindfulness and the Sunk-Cost Bias," *Psychological Science* 25, no. 2 (2014): 369–376, https://doi.org/10.1177/0956797613503853.

122 Benjamin de Hass et al., "Perception and Processing of Faces in the Human Brain Is Tuned to Typical Feature Locations," *Journal of Neuroscience* 36, no. 6 (Sept. 2016): 9289–9302, https://www.ncbi.nlm.nih.gov/pmc/articles/PMC5013182/.

123 Benjamin W. Tatler et al., "Yarbus, Eye Movements, and Vision,"

Iperception 1, no. 1 (2010): 7–27, https://www.ncbi.nlm.nih.gov/pmc/
articles/PMC3563050/.

124 Gregory Ciotti, "7 Marketing Lessons from Eye-Tracking Studies" (blog),
Neil Patel, https://neilpatel.com/blog/eye-tracking-studies/(접속 일자:
February 12, 2020).

125 Kara Pernice, "F-Shaped Pattern of Reading on the Web: Misunderstood,
but Still Relevant (Even on Mobile)," Nielsen Norman Group, Nov. 12,
2017, https://www.nngroup.com/articles/f-shaped-pattern-reading-
web-content/.

126 P. Christiaan Klinck, Pia Jentgens, and Jeannette A. M. Lorteije, "Priority
Maps Explain the Roles of Value, Attention, and Salience in Goal-
Oriented Behavior," *Journal of Neuroscience* 34, no. 42 (Oct. 2014): 13867–
13869, https:// www.jneurosci.org/content/34/42/13867.

127 Jianming Zeng et al., "Predicting the Behavioural Tendency of Loss
Aversion," *Scientific Reports* 9 (2019): 5024, https://www.ncbi.nlm.nih.
gov/pmc/articles /PMC6430803/.

128 Feng Sheng et al., "Decomposing Loss Aversion from Gaze Allocation
and Pupil Dilation," *Proceedings of the National Academy of Sciences* 117,
no. 21 (May 2020): https://www.biorxiv.org/content/10.1101/2020.02.27.9
67711v2.

129 Cary Frydman and Antonia Rangel, "Debiasing the Disposition Effect
by Reducing the Saliency of Information about a Stock's Purchase
Price," *Journal of Economic Behavior & Organization* 107, pt. B (Nov. 2014):
541–552, https://www.ncbi.nlm.nih.gov/pmc/ articles/ PMC4357845/.

130 Ian Krajbich et al., "The Attentional Drift- Diffusion Model Extends
to Simple Purchasing Decisions," *Frontiers in Psychology* 3 (2012): 193,
https:// www.ncbi.nlm.nih.gov/pmc/articles/PMC3374478/.

131 Apoorva Rajiv Madipakkam et al., "The Influence of Gaze Direction on Food Preferences," *Scientific Reports* 9 (2019): https://www.nature.com/articles/s41598-019-41815-9.

132 Arani Roy, Stephen V. Shepherd, and Michael L. Platt, "Reversible Inactivation of pSTS Suppresses Social Gaze Following in the Macaque (*Macaca mulatta*)," *Social Cognitive and Affective Neuroscience* 9, no. 2 (Feb. 2014): 209–217, https://academic.oup.com/scan/article/9/2/209/1620877?view=extract.

133 Zhongqiang Sun et al., "Incidental Learning of Group Trust: Predictive Gaze Cue Matters," *Scientific Reports* 10 (2020): 7789, https://www.nature.com/articles /s41598-020-64719-5.

134 Peter Cappelli, "Your Approach to Hiring Is All Wrong," *Harvard Business Review*, May–June 2019, https://hbr.org/2019/05/recruiting.

135 Sheena S. Iyengar and Mark R. Lepper, "When Choice Is Demotivating: Can One Desire Too Much of a Good Thing?," *Journal of Personality and Social Psychology* 79, no. 6 (2000): 995–1006, https://www.researchgate.net/profile/Mark_Lepper /publication/12189991_When_Choice_is_Demotivating_Can_One_Desire_Too_Much_of_a_Good_Thing/links/56107d7d08ae6b29b49c75fa/When-Choice-is-Demotivating-Can-One-Desire-Too-Much-of-a-Good-Thing.pdf.

136 Benjamin Scheibehenne, Rainer Greifeneder, and Peter M. Todd, "Can There Ever Be Too Many Options?," *Journal of Consumer Research* 37, no. 3 (Oct. 2010): 409–425, https://academic.oup.com/jcr/article-abstract/37/3/409/1827647; Daniel Mochon, "Single- Option Aversion," *Journal of Consumer Research* 40, no. 3 (Oct. 2013): 555–566, https://academic.oup.com/jcr/articleabstract/40/3/555/2379775.

137 Maria Cohut, "Choice Overload: Why Decision- Making Can

Be So Hard," Medical News Today, Oct. 3, 2018, https://www.
medicalnewstoday.com/articles/323243.php#1.

138 "Ebbinghaus Illusion," Illusions Index, https://www.illusionsindex.org/
ir/ebbinghaus-illusion (접속 일자: February 28, 2020).

139 De Martino et al., "Frames, Biases, and Rational Decision- Making in the
Human Brain," *Science* 313, no. 5787 (2006): 684–687.

140 Derek Thompson, "More Is More: Why the Paradox of Choice Might
Be a Myth," *The Atlantic*, Aug. 9, 2013, https://www.theatlantic.com/
business/archive/2013/08/more-is-more-why-the-paradox-of-choice-
might-be-a-myth/278658/.

141 Brittany Paris, "The Decoy Effect and Investors' Stock Preferences" (우
수 논문 및 캡스톤 졸업 프로젝트, University of New Hampshire, 2012), http://
scholars.unh.edu/cgi/viewcontent.cgi?article=1011&context=honors.

142 Terry Connolly, Jochen Reb, and Edgar E. Kausel, "Regret Saliency and
Accountability in the Decoy Effect," *Judgment and Decision Making* 8,
no. 2(2013): 136–149, https://ink.library.smu.edu.sg/cgi/viewcontent.
cgi?article= 4632&context=lkcsb_research.

143 Robyn A. Berkley and David M. Kaplan, *Strategic Training and
Development* (Newbury Park, CA: SAGE Publications, 2019), 93, https:// www.
google.com/books/edition/Strategic_Training_and_Development/1MGe
DwAAQBAJ?hl=en&gbpv=1&dq=Strategic+Training+and+Developmen
t&printsec=frontcover.

144 Harold Pashler et al., "Learning Styles: Concepts and Evidence,"
Psychological Science in the Public Interest 9, no. 3 (December 2008): 105–
119, https://www.jstor.org/stable/20697325?seq=1.

145 James J. Choi et al., "Reinforcement Learning and Savings Behavior,"
Journal of Finance 64, no. 6 (Dec. 2009): 2515–2534, https://www.ncbi.

nlm.nih.gov/pmc /articles/PMC2845178/.

146 Jill Rosen, "Johns Hopkins Finds Training Exercise That Boosts Brain
     Power," news release, Johns Hopkins University, Oct. 17, 2017, https://
     releases.jhu.edu/2017/10/17/johns-hopkins-finds-training-exercise-
     that-boosts-brain-power/.

147 Joseph W. Kable et al., "No Effect of Commercial Cognitive Training on
     Brain Activity, Choice Be hav ior, or Cognitive Per for mance," *Journal of
     Neuroscience* 37, no. 31 (Aug. 2017): 7390–7402, https://www.jneurosci.
     org/content/37/31/7390.

148 Adam Bryant, "In Head- Hunting, Big Data May Not Be Such a Big Deal,"
     New York Times, June 19, 2013, https://www.nytimes.com/2013/06/20/
     business/in-head-hunting-big-data-may-not-be-such-a-big-deal.
     html?_r=0.

149 Joshua D. Berke and Steven E. Hyman, "Addiction, Dopamine, and
     the Molecular Mechanisms of Memory," *Neuron* 25, no. 3 (Mar.
     2000): 515–532, https://www.sciencedirect.com/science/article/pii /
     S0896627300810569.

150 Steven E. Hyman and Robert C. Malenka, "Addiction and the Brain:
     The Neurobiology of Compulsion and Its Persistence," *Nature Reviews
     Neuroscience* 2 (Oct. 2001): 695–703, https://www.nature.com/articles/
     35094560/.

151 Joseph W. Kable and Paul W. Glimcher, "The Neurobiology of
     Decision: Consensus and Controversy," *Neuron* 63, no. 6 (Sept.
     2009): 733–745, https://www.sciencedirect.com/science/article/pii/
     S0896627309006813.

152 Alain Dagher and Trevor W. Robbins, "Personality, Addiction,
     Dopamine: Insights from Parkinson's Disease," *Neuron* 61, no. 4 (Feb.

2009): 502–510, https://www.sciencedirect.com/science/article/pii/
S089662730900124X.

153 Doron Merims and Nir Giladi, "Dopamine Dysregulation System,
Addiction, and Behavioral Changes in Parkinson's Disease,"
Parkinsonism and Related Disorders 14, no. 4 (May 2008): 273–280, https://
www.sciencedirect.com/science/article/abs/pii/S1353802007002088.

154 A. Ross Otto, Stephen M. Fleming, and Paul W. Glimcher, "Unexpected
but Incidental Positive Outcomes Predict Real- World Gambling,"
Psychological Science 27, no. 3 (Mar. 2016): 299–311, https://www.ncbi.nlm.
nih.gov/pubmed/26796614.

155 Karl Engelking, " There's a Happy App for That," *Discover*, Nov. 26, 2014,
https://www.discovermagazine.com/mind/theres-a-happy-app-for-
that.

156 Yuan Chang Leong et al., "Dynamic Interaction between Reinforcement
Learning and Attention in Multidimensional Environments," *Neuron*
93, no. 2 (Jan. 2017): 451–463, https://www.sciencedirect.com/science/
article/pii/S089662731631039X.

157 Carla Fried, "Vacation Mindset: How Weekends Can Be More
Refreshing," *UCLA Anderson Review*, Feb. 20, 2019, https://www.
anderson.ucla.edu/faculty-and-research/anderson-review/vacation-
mindset.

158 Adam M. Grant and Francesca Gino, "A Little Thanks Goes a Long Way:
Explaining Why Gratitude Expressions Motivate Prosocial Behavior,"
Journal of Personality and Social Psychology 98, no. 6 (2010): 946–955,
https:// psycnet.apa.org/record/2010-09990-007.

159 R. Wagner and J. K. Harter, *12: The Elements of Great Managing* (New York:
Gallup Press, 2006).

160   Kerry Roberts Gibson et al., "The Little Things That Make Employees Feel Appreciated," *Harvard Business Review*, January 23, 2020, https://hbr.org/2020/01/the-little-things-that-make-employees-feel-appreciated.

161   Michael L. Platt and Ben Hayden, "Learning: Not Just the Facts, Ma'am, but the Counterfactuals as Well," *PLoS Biology* 9, no. 6 (June 2011), https://journals.plos.org/plosbiology/article?id=10.1371/journal.pbio.1001092.

162   Benjamin Y. Hayden and Michael L. Platt, "Gambling for Gatorade: Risk-Sensitive Decision Making for Fluid Rewards in Humans," *Animal Cognition* 12, no. 1 (Jan. 2009): 201–2017, https://www.ncbi.nlm.nih.gov/pmc/articles/PMC2683409/.

163   예를 들면, 다음과 같은 연구 결과가 있다. Erie D. Boorman, Timothy E. Behrens, and Matthew F. Rushworth, "Counterfactual Choice and Learning in a Neural Network Centered on Human Lateral Frontopolar Cortex," *PLoS Biology*, June 28, 2011, https://journals.plos.org/plosbiology/article?id=10.1371/journal.pbio.1001093.

164   Angela Sirigu and Jean-René Duhamel, "Reward and Decision Processes in the Brains of Humans and Non-human Primates," *Dialogues in Clinical Neuroscience* 18, no. 1 (Mar. 2016): 45–53, https://www.ncbi.nlm.nih.gov/pmc/articles/PMC4826770/.

165   R. Becket Ebitz and Michael L. Platt, "Neuronal Activity in Primate Dorsal Anterior Cingulate Cortex Signals Task Conflict and Predicts Adjustments in Pupil-Linked Arousal," *Neuron* 85, no. 3 (Feb. 2015): 628–640, https://www.sciencedirect.com/science/article/pii/S0896627314011623.

166   Charline Uhr, Steffen Meyer, and Andreas Hackethal, "Smoking Hot Portfolios? Overtrading from Self- Control Failure" (SAFE Working Paper

No. 245, Sept. 2019), https://papers.ssrn.com/sol3/papers.cfm?abstract_
id=3347625.

167 " 'Counterfactual' Thinkers Are More Motivated and Analytical, Study
Suggests," Science Daily, Feb. 9, 2010, https://www.sciencedaily.com/
releases/2010/02/100209100800.htm.

168 Xiaosi Gu et al., "Cognitive Strategies Regulate Fictive, but not Reward
Prediction Error Signals in a Sequential Investment Task," *Human Brain
Mapping* 35, no. 8 (Aug. 2014): 3738–3749, https://www.ncbi.nlm.nih.
gov/pmc/articles/PMC4105325/.

169 Peter Sokol-Hessner et al., "Thinking Like a Trader Selectively Reduces
Individuals' Loss Aversion," *Proceedings of the National Academy
of Sciences* 106, no. 13 (2009): 5035–5040, https://www.pnas.org/
content/106/13/5035.

170 Xiaomo Chen and Veit Stuphorn, "Inactivation of Medial Frontal
Cortex Changes Risk Preference," *Current Biology* 28, no. 19 (Oct. 2018):
3114–3122, https://www.cell.com/current-biology/fulltext/S0960-
9822(18)30942-4.

171 "How Companies Are Increasing Neurodiversity in the Workplace,"
Knowledge@Wharton, Mar. 28, 2019, https://knowledge.wharton.
upenn.edu/article/autism-employment/.

172 Isobel Asher Hamilton, "Elon Musk Says He's Tested His Brain Microchip
on Monkeys, and It Enabled One to Control a Computer with Its Mind,"
Business Insider, July 17, 2019, https://www.businessinsider.com/elon-
musk-neuralink-brain-microchip-tested-on-monkeys-2019-7.

173 Justin Martin and Fiery Cushman, "When We Don't Blame People for
Their Bad Deeds," *Harvard Business Review*, Feb. 16, 2016, https://hbr.
org/2016/02/when-we-dont-blame-people-for-their-bad-deeds.

174 Wi Hoon Jung et al., "Moral Competence and Brain Connectivity: A Resting-State fMRI Study," *Neuroimage* 141 (Nov. 2016): 408–415, https://www.ncbi.nlm .nih.gov/pmc/articles/PMC5028200/.

175 Gideon Nave et al., "Musical Preferences Predict Personality: Evidence from Active Listening and Facebook Likes," *Psychological Science*, May 2018, https://www.researchgate.net/publication/322506461_Musical_ Preferences_Predict_Personality_Evidence_from_Active_Listening_and_ Facebook_Likes.

176 Alexander Genevsky and Brian Knutson, "Neural Affective Mechanisms Predict Market-Level Microlending," *Psychological Science* 26, no. 9 (Sept. 2015): 1411–1422, https://www.ncbi.nlm.nih.gov/pmc/articles/ PMC4570982/.

177 Emily B. Falk et al., "Functional Brain Imaging Predicts Public Health Campaign Success," *Social Cognitive and Affective Neuroscience* 11, no. 2 (Feb. 2016): 204–214, https://www.ncbi.nlm.nih.gov/pmc/articles/ PMC4733336/.

178 Yoona Kang et al., "Effects of Self- Transcendence on Neural Responses to Persuasive Messages and Health Behavior Change," *Proceedings of the National Academy of Sciences* 115, no. 40 (Sept. 2018): 9974–9979, https://www.pnas.org/content/115/40/9974.

179 Christian Hasenoehrl, Melissa Swift, and Juliana Barela, "How to Hire 5000 People... in a Day," Korn Ferry Insights, https://www.kornferry.com/insights/articles/walmart-hiring-coronavirus-rpo (accessed March 9, 2020).

180 CareerBuilder, "Nearly Three in Four Employers Affected by a Bad Hire, According to a Recent CareerBuilder Survey," press release, December 7, 2017, http://press.careerbuilder.com/2017-12-07-Nearly-Three-in-

Four-Employers-Affected-by-a-Bad-Hire-According-to-a-Recent-CareerBuilder-Survey.

181 "Data & Statistics on Autism Spectrum Disorder," Centers for Disease Control and Prevention, last reviewed March 25, 2020, https://www.cdc.gov/ncbddd/autism/data.html.

182 Nicole Lyn Pesce, "Most College Grads with Autism Can't Find Jobs. This Group Is Fixing That," Market Watch, Apr. 2, 2019, https:// www.marketwatch.com/story/most-college-grads-with-autism-cant-find-jobs-this-group-is-fixing-that-2017-04-10-5881421.

183 Eric Van Gieson, "Measuring Biological Aptitude (MBA)," Defense Advanced Research Projects Agency, https://www.darpa.mil/program/measuring-biological-aptitude (accessed March 9, 2020).

184 Herbert Simon, "Bounded Rationality and Organizational Learning," *Organization Science* 2, no. 1 (1991): 125–134, https:// pubsonline.informs.org/doi/10.1287/orsc.2.1.125.

185 "2017 Work and Well- Being Survey," American Psychological Association, http://www.apaexcellence.org/assets/general/2017-work-and-wellbeing-survey-results.pdf?_ga=2.119676813.429993371.1581349388-1814347604.1566408625 (accessed March 9 2020).

옮긴이 **김현정**

한양대학교 경영학과를 졸업한 뒤 삼성경제연구소에서 경제·경영 전문 번역가로 일했다. 현재 인문·사회, 경제·경영, 자기계발 전문 번역가로 활동하고 있다. 옮긴 책으로는 『경제 저격수의 고백』, 『능력주의는 허구다』, 『얼 나이팅게일 위대한 성공의 시작』, 『얼 나이팅게일 위대한 성공의 도구』, 『축소되는 세계』, 『부의 공식』, 『결제는 어떻게 세상을 바꾸는가』, 『폭력의 유산』 등이 있다.

리더십의 뇌과학

1판 1쇄 발행 2025년 10월 16일

지은이 마이클 L. 플랫

옮긴이 김현정

발행인 박명곤 **CEO** 박지성 **CFO** 김영은

기획편집1팀 채대광, 백환희, 이상지, 김진호

기획편집2팀 박일귀, 이은빈, 강민형, 박고은

기획편집3팀 이승미, 김윤아, 이지은

디자인팀 구경표, 유채민, 윤신혜, 권지혜

마케팅팀 임우열, 김은지, 전상미, 이호, 최고은

펴낸곳 (주)현대지성

출판등록 제406-2014-000124호

전화 070-7791-2136 **팩스** 0303-3444-2136

주소 서울시 강서구 마곡중앙6로 40, 장흥빌딩 10층

홈페이지 www.hdjisung.com **이메일** support@hdjisung.com

제작처 영신사

ⓒ 현대지성 2025

"Curious and Creative people make Inspiring Contents"
현대지성은 여러분의 의견 하나하나를 소중히 받고 있습니다.
원고 투고, 오탈자 제보, 제휴 제안은 support@hdjisung.com으로 보내 주세요.

현대지성 홈페이지

이 책을 만든 사람들

기획 박일귀 **편집** 박고은, 박일귀 **디자인** 프롬디자인